A RELIGIÃO
sob suspeita

Conheça nossos clubes

Conheça nosso site

@editoraquadrante
@editoraquadrante
@quadranteeditora
Quadrante

Título original
¿Un mundo sin Dios?

Copyright © 2013 Ediciones Rialp, S.A.

Capa
Gabriela Haeitmann

Dados Internacionais de Catalogação na Publicação (CIP)

Santamaría, Francisco
A religião sob suspeita : laicismo e laicidade / Francisco Santamaría : tradução de Emérico da Gama — 2ª ed. — São Paulo: Quadrante Editora, 2024.

ISBN: 978-85-7465-576-5

1. Igreja e Estado 2. Liberdade religiosa I. Título

CDD—343.101

Índices para catálogo sistemático:
1. Igreja e Estado : Liberdade religiosa 343.101

Todos os direitos reservados a
QUADRANTE EDITORA
Rua Bernardo da Veiga, 47 - Tel.: 3873-2270
CEP 01252-020 - São Paulo - SP
www.quadrante.com.br / atendimento@quadrante.com.br

Francisco Santamaría

A RELIGIÃO sob suspeita

LAICISMO E LAICIDADE

2ª edição

Tradução
Emérico da Gama

Sumário

Introdução   **9**

I. A religião e o seu "impacto ambiental"   **15**

II. Os debates morais nas democracias   **37**

Conclusões   **71**

Posfácio   **85**

A adequação do texto do Autor à situação brasileira encontra-se nas notas de rodapé, redigidas pelo Prof. Ives Gandra da Silva Martins, ilustre mestre tributarista e constitucionalista. São dele todas as notas não atribuídas ao Autor do livro. Ao Prof. Ives Gandra se deve também a primeira parte do posfácio.

Introdução

Dois juízes da Suprema Corte de Londres decidiram em 28 de fevereiro de 2011 que um casal britânico de cristãos pentecostais — Eunice e Owen Jones — não podia obter a guarda de crianças por considerar inaceitável a prática do homossexualismo. Esse casal de sexagenários, que tinha acolhido quinze menores ao longo da sua vida, não pôde continuar a fazê-lo depois que foi aprovado o *Quality Act*, centrado nos direitos dos homossexuais. Segundo o critério dos juízes, as crenças religiosas incapacitavam esse casal para educar as crianças, já que era de prever que lhes transmitisse a sua rejeição ao homossexualismo. O referido casal declarou que estava disposto a aceitar com carinho qualquer jovem que lhe fosse confiado, mas que, efetivamente, nunca lhe diria que aprovava a prática homossexual.

Trata-se de um exemplo entre muitos de como as crenças de alguns cidadãos levam a declará-los inaptos para exercer um direito e assumir uma responsabilidade, ou para participar legitimamente dos debates morais que se suscitam na sociedade a propósito do aborto, da eutanásia, das técnicas de reprodução artificial, das questões bioéticas etc.

A recusa em aceitar um cidadão por causa dos seus valores morais é frequentemente levada a cabo invocando a laicidade da vida política. Argumenta-se que as crenças religiosas não devem interferir na organização da sociedade, pois isso significaria impor ao resto das pessoas as convicções morais dos que têm fé. A sociedade teria de organizar-se de acordo com uma ética laica, não impregnada de crenças religiosas.

Mas não é só nos debates morais que as crenças religiosas podem entrar em choque com o jogo democrático: invoca-se a laicidade para combater a possível influência da religião na vida pública. Qualquer espécie de colaboração entre o Estado e a prática religiosa é susceptível de ser denunciada em nome da laicidade. Que se celebrem exéquias segundo um rito religioso pelo falecimento de um Chefe de Estado, que o currículo escolar contenha aulas de religião, ministradas na modalidade que os pais desejem, que se dediquem verbas públicas para estabelecer acordos educativos com centros confessionais ou de ideário cristão, que existam capelanias castrenses ou em hospitais públicos — tudo isso e um longo etcétera é questionado e denunciado em nome da laicidade.

Também se invoca a laicidade para pedir que se retirem os crucifixos das salas de aula ou dos organismos públicos, ou para proibir que uma jovem estudante vá à escola com o véu islâmico ou um funcionário traga algum tipo de distintivo religioso.

Introdução

Enfim, decreta-se a incompatibilidade entre os símbolos religiosos e os espaços públicos[1].

Este conjunto de conflitos, que abrange uma casuística muito mais ampla, deriva de uma mentalidade bem concreta que recebe o nome de *laicismo*. De acordo com semelhante mentalidade, o espaço público — entendido física e moralmente — deve ser um espaço livre de influências religiosas. O que caracteriza as novas exigências laicistas é que vão muito além de uma realidade que já se encontrava estabelecida nas democracias liberais.

Nas democracias liberais, quer dizer, nas que conhecemos no Ocidente e são fruto de uma cultura política iniciada nos alvores da Modernidade, estava já consolidada sem discussão a independência do poder político em face de qualquer solicitação religiosa[2]. O que é novo é a pretensão de que se construa a convivência política completamente à margem da religião: pretende-se que a religião — uma dimensão fundamental do ser humano — não

---

[1] Também é verdade que às vezes se admite a compatibilidade, como fez o Tribunal de Direitos Humanos de Estrasburgo, ao admitir na sua sentença de 18 de março de 2011 que a lei italiana que estabelece a obrigação de colocar crucifixos nas salas de aula não atenta contra o Convênio Europeu de Direitos Humanos.

[2] Embora seja verdade que o laicismo não é um novidade histórica — pois esteve sempre muito presente na concepção francesa da República e teve eco em outros países, especialmente no México —, as restantes democracias vieram mantendo uma relação muito mais positiva e pacífica com o fenômeno religioso, de modo que, na maioria dos países democráticos, a questão religiosa não suscitava especiais problemas. Foi nas últimas décadas e sobretudo nos últimos lustros que a questão da laicidade ganhou um novo ímpeto na agenda política e nos debates públicos. Pode-se, pois, dizer que o debate sobre a laicidade e a violência do laicismo têm o caráter de novidade (N. do A.).

incida para nada na configuração da ordem social, que não influa nas leis e que esteja completamente ausente do espaço público. Isto é, procura-se que a fé dos crentes seja inteiramente irrelevante na organização da sociedade. A questão já não é, pois, a independência do poder político em relação ao poder religioso na estruturação constitucional do Estado, mas a marginalização na *res publica* das crenças e práticas religiosas professadas pelos cidadãos: que estas não interfiram na organização social e política da sociedade.

Estando as coisas neste pé, é compreensível que alguns duvidem da compatibilidade entre democracia e religião. Os laicistas defendem como exigência democrática a completa ausência da religião na vida política. Já os crentes democéticos consideram a democracia como um inconveniente para que se plasmem socialmente os seus princípios morais: encaram-na talvez como uma realidade com que inevitavelmente se deve contar, mas não como um regime valioso que seja preciso promover e com o qual as suas crenças podem articular-se harmoniosamente.

O presente trabalho baseia-se na convicção de que a democracia liberal — ainda que susceptível de aperfeiçoamentos — é a construção política mais valiosa que a humanidade desenvolveu após séculos de elaboração e de esforços, no sentido de formatar um âmbito político conforme com a dignidade humana. E de que, para o cristianismo, não só não é obstáculo algum, mas pode ser a sua melhor expressão política. Mais ainda: ao contrário do que proclamam os laicistas, pode ser *uma das melhores defesas da democracia* contra a sua decomposição interna.

Para tratar destas questões, pareceu-me conveniente abordar em primeiro lugar as questões em que se visualizam mais facilmente os conflitos entre a religião e a ordem política. É o conteúdo da primeira parte deste livro, em que se tocam problemas tão variados como os subsídios para as confissões religiosas ou a presença de crucifixos nas escolas e outros lugares públicos[3].

A segunda parte concentra-se num problema que volta e meia aparece nos debates públicos: o das questões com especial repercussão moral. Podem os crentes fazer valer os seus princípios morais na aprovação ou retirada de leis que considerem injustas? Do ponto de vista teórico, o problema é um pouco complexo, mas da solução que lhe for dada depende o desenho efetivo da sociedade. O leitor terá de fazer um esforço de compreensão um pouco maior, mas tenho a esperança de que a sua leitura lhe traga um maior benefício prático à hora de enfrentar alguns dilemas e de orientar-se adequadamente nos debates suscitados por uma

---

[3] No Brasil, o Conselho Nacional de Justiça, em resolução tomada por 12 votos e uma abstenção, deliberou que, nos Tribunais, caberá a cada magistrado decidir, de acordo com as suas convicções, a manutenção ou não do crucifixo na sala de julgamentos. E uma tentativa do Ministério Público de retirar os crucifixos desses recintos foi rejeitada pelo Poder Judiciário.

cultura como a atual, marcada pelo pluralismo moral e cultural.

Por último, pareceu-me oportuno, depois de definir a linha que marca a divisão entre a laicidade — um bem político irrenunciável, em minha opinião — e o laicismo, formular uma correta concepção da laicidade, que, como veremos, encontra no cristianismo um dos seus grandes pilares e uma das melhores contribuições para que a democracia seja um autêntico espaço de liberdade e justiça. A esta tarefa dedico as páginas finais desta obra.

I. A religião e o seu "impacto ambiental"

1. Um espaço "livre de fumaças" religiosas

Quando se projeta uma autoestrada, exige-se em muitos países um estudo prévio do seu impacto ambiental. O mesmo acontece com a rede de eletricidade e outras obras civis. As autoestradas e as torres de eletricidade proporcionam um benefício inegável à sociedade: encurtam as distâncias, facilitam o comércio e a economia, proveem as populações de serviços básicos etc. Mas um maior respeito pelo meio ambiente tornou-nos mais exigentes e queremos conjugar os avanços da tecnologia com a preservação do meio ambiente, nem que seja apenas do ponto de vista paisagístico.

Coisa parecida parece suceder com o fenômeno religioso de há uns anos para cá. É como se de repente se tivesse adquirido uma nova sensibilidade para o "impacto ambiental" das religiões: a paisagem que se desejaria preservar seria neste caso a secularidade. É como se o nosso sentido do social tivesse desenvolvido uma sensibilidade para o religioso como elemento nocivo ao civil, e alguns quisessem que a vida em sociedade e a política estivessem "livres de fumaças", isto é e neste contexto, livres da poluição religiosa. De acordo com esta nova sensibilidade, qualquer influência do religioso no político seria uma ilegítima intromissão na vida pública e um regresso a épocas pretéritas, em que o poder religioso — as igrejas cristãs e especialmente a Igreja Católica — teria sido dono de almas e terras, e teria condicionado de maneira abusiva e ilegítima a ação política.

Semelhante alergia ao religioso, compreensível em face de algumas experiências históricas, desaguou numa exigência política concreta que se postula como aspiração a uma plena laicidade do Estado. Porém, apesar de se ouvirem por todo o lado as palavras "laicidade" e "laicismo", não são muitas as pessoas que sabem ao certo qual é o significado exato destes termos, nem na teoria nem na prática.

Vale a pena, pois, começar por procurar definir o significado dos termos. O Dicionário da Real Academia Espanhola não registra o termo "laicidade". Quanto ao laicismo, define-o com " doutrina que defende a independência do homem ou da sociedade, mais particularmente do Estado, a respeito de qualquer organização ou confissão religiosa".

Neste campo, há quem admita a "laicidade" e negue o "laicismo" como posição extrema ou extrapolação da laicidade. Há também os que distinguem entre laicidade em sentido positivo e laicidade em sentido negativo, admitindo a primeira e rejeitando a segunda: a positiva reconheceria a independência do poder civil, mas consideraria positivamente a

I. A religião e o seu "impacto ambiental"

religião; a segunda teria como propósito impedir qualquer "poluição" religiosa da ação política ou qualquer presença ou influência da religião — ou da experiência religiosa — no âmbito público[1].

Mas abandonemos momentaneamente o terreno dos conceitos abstratos e passemos ao dos conflitos concretos e das exigências que se fazem em nome da laicidade e em nome do laicismo. Nos dois casos, por mais artificial que a divisão possa parecer, o interpelado é sempre o Estado e o que está em jogo são sempre os limites e as exigências da liberdade religiosa dos cidadãos.

1. *Alguns* casus belli

Na medida em que a proposta laicista se introduziu em setores mais ou menos amplos da sociedade, tem-se reclamado em nome da sociedade que se expurgue o setor público de contaminações religiosas: que não haja nenhum ato religioso em homenagem aos policiais militares e civis caídos em serviço; que não se celebre uma Missa na inauguração do ano acadêmico; que não haja capelas em nenhuma dependência do Estado (residências universitárias[2], hospitais públicos, aeroportos etc.);

---

[1] Tem-se confundido Estado laico com Estado ateu, como veremos no Posfácio deste livro. Estado laico é aquele em que as instituições religiosas e políticas estão separadas, mas não é um Estado em que só quem não tem religião tem o direito de manifestar-se e qualquer manifestação religiosa deva ser combatida, para não ferir suscetibilidades de quem não acredita em Deus.

[2] Tem havido países onde celebrações eucarísticas em capelas universitárias são interrompidas por grupos violentos que insultam os assistentes ou o celebrante e agitam cartazes ofensivos (N. do A.).

que as autoridades civis não compareçam como tais a cerimônias religiosas...[3]

Outra exigência da laicidade consistiria na proibição de ministrar educação religiosa nas escolas públicas aos alunos cujas famílias a solicitem, mesmo que sejam a maioria e, portanto, se configure o que se costuma designar por demanda social[4]. Também se diz que o dinheiro público não pode financiar centros educativos confessionais ou outras atividades que — apesar do seu vincado sentido social — sejam levadas a cabo por organismos de alguma conotação religiosa. Nem é preciso dizer que, segundo esse raciocínio, não se poderia colaborar com verbas públicas para os gastos ocasionados pela visita do Papa a um país ou para qualquer outro evento de caráter religioso. Igualmente, o Estado deveria abster-se de financiar as capelanias castrenses, hospitalares ou penitenciárias. O laicismo mais militante sustenta, além disso, que as vias públicas não podem receber o nome de santos ou personalidades religiosas.

---

3   A Constituição Brasileira no seu artigo 5º, inciso VII: "Art. 5º. Todos são iguais perante a lei, sem distinção de qualquer natureza, garantindo-se aos brasileiros e aos estrangeiros residentes no País a inviolabilidade do direito à vida, à liberdade, à igualdade, à segurança e à propriedade, nos termos seguintes:
    [...] VII — é assegurada, nos termos da lei, a prestação de assistência religiosa nas entidades civis e militares de internação coletiva [...]".

4   O artigo 210, § 1º, da Constituição brasileira tem a seguinte dicção: "Art. 210. Serão fixados conteúdos mínimos para o ensino fundamental, de maneira a assegurar formação básica comum e respeito aos valores culturais e artísticos, nacionais e regionais.
    § 1º - O ensino religioso, de matrícula facultativa, constituirá disciplina dos horários normais das escolas públicas de ensino fundamental".

I. A religião e o seu "impacto ambiental"

Mas existem ainda outras pretensões que não se dirigem diretamente ao Estado — se bem que o impliquem —, mas criam um conflito entre os cidadãos. É, por exemplo, a exigência dos cidadãos "laicos"[5] de que outros cidadãos limitem a exteriorização das suas crenças religiosas. Concretamente, que não exibam símbolos religiosos. Pede-se que se retirem os crucifixos das paredes dos colégios, dos hospitais públicos ou das dependências de qualquer organismo oficial — edifícios municipais, tribunais etc. —, invocando a sua natureza de lugares públicos, abertos a todos os cidadãos.

Mas não é só o crucifixo que se pede para ser retirado do âmbito público. Os véus islâmicos e o *kipá* judeu também têm sido objeto de restrições, especialmente na França, que desde 2004 conta com uma lei que impede os alunos de escolas e colégios públicos de usarem "sinais ou peças que manifestem ostensivamente uma filiação religiosa". Em abril de 2011, entrou, além disso, em vigor a lei francesa que proíbe as mulheres de saírem à rua cobertas com o véu integral (com o *niqab* ou a *burka*)[6].

A sensibilidade laica vai mais longe e reclama também a proibição de os funcionários da administração pública usarem peças que os identifiquem

---

[5] Daqui em diante, utilizarei o termo "laico" quase sempre na sua acepção laicista, na qual subjaz a oposição a qualquer presença do religioso na sociedade (N. do A.).

[6] Samantha Pflug Meyer, em seu livro *Liberdade de expressão e discurso do ódio*, condena todas as manifestações preconceituosas contra as religiões, inclusive a decisão da França de proibir o uso das *burkas*.

ostensivamente com alguma religião. Assim aconteceu em 1995 com Lúcia Dahab, professora numa escola pública do cantão suíço de Genebra, que, depois de se converter ao maometanismo, começou a usar o véu islâmico. E o mesmo aconteceu na Espanha, em 2009, não já com uma funcionária, mas com a advogada muçulmana Zoubida Barik, que foi expulsa do estrado pelo juiz por vestir o véu. É curioso que, numa sociedade em que qualquer um se veste como lhe dá na veneta, se espalhe uma ideia que vem a dizer: "Vista-se como quiser, desde que não seja porque o manda a sua religião".

2. Os argumentos

Expostas sucintamente as exigências que se fazem em nome da laicidade, pode ser oportuno perguntar agora qual é o raciocínio que leva a formulá-las. Parece-me que se podem identificar quatro níveis argumentativos:

1º) *Laicidade do âmbito público*. Esta é a base argumentativa de tudo o mais. Como o espaço público é o espaço "comum a todos", só é possível admitir nele os elementos que todos compartilhamos. E como, por definição, o religioso não pode ser compartilhado por todos, o religioso não tem cabida no espaço público.

2º) *Laicidade do Estado*. Em consequência, e como exigência da cidadania compartilhada, o Estado deve ser religiosamente neutro. Se o Estado não é senão a articulação política do conjunto de "todos" os cidadãos, não pode aderir a determinado credo, sob pena de que os que fazem outra opção religiosa vejam cerceadas algumas das suas liberdades. O Estado deve, pois, ser laico, no sentido de neutralidade religiosa, aconfessionalidade e indiferença a respeito de qualquer credo religioso.

3º) *A violação da laicidade do Estado ou do espaço público atenta contra a liberdade religiosa.* Seria uma espécie de imposição de um determinado credo aos cidadãos de outras confissões religiosas e aos agnósticos, ateus ou religiosamente indiferentes.

4º) *Qualquer forma de apoio estatal a atividades inspiradas por um credo religioso ou relacionadas com ele constitui um exercício de confessionalidade religiosa.* O Estado, os poderes públicos e as administrações públicas devem, pois, abster-se de colaborar de qualquer forma que seja com as confissões religiosas[7].

2. Em busca de solução

No que se acaba de expor, coexistem "verdades indiscutíveis" e conclusões completamente desacertadas. Veremos, com efeito, que o Estado deve ser neutro, mas não a organização da sociedade,

---

7   O artigo 5º, inciso VI, da Constituição brasileira está assim redigido: "VI - É inviolável a liberdade de consciência e de crença, sendo assegurado o livre exercício dos cultos religiosos e garantida, na forma da lei, a proteção aos locais de culto e a suas liturgia [...]".

que se moldará de acordo com as crenças e as práticas dos seus cidadãos. A neutralidade do Estado é uma exigência ineludível das sociedades democráticas, mas a sociedade em si não deve nem pode ser neutra: não pode ser "nada", mas configurar-se-á na prática de uma determinada maneira em função do que forem os cidadãos. Por outro lado, veremos em que consiste e em que não consiste a neutralidade estatal.

1. "É a liberdade, estúpido"

Nas eleições norte-americanas de 1992, quando George Bush pai estava no apogeu da popularidade, apoiada em grande medida no êxito da Guerra do Golfo, e os democratas tinham tudo contra si, o assessor da campanha de Bill Clinton criou um slogan que fez sucesso nos debates políticos. O conhecido slogan dizia: "É a economia, estúpido". A frase exprimia a ideia de que o que determina o êxito eleitoral é a capacidade de ater-se às preocupações imediatas dos cidadãos, concretamente à economia. A intuição teve êxito, e Clinton converteu-se no inquilino da Casa Branca.

Relembro este episódio porque, em face dos problemas que mencionamos atrás, enganar-nos-íamos de ponta a ponta e seríamos um pouco estúpidos — perdoem-me a palavra — se pensássemos que nos encontramos ante a reedição de antigos conflitos entre o poder político e o religioso, como o da guerra das investiduras dos séculos XI e XII[8].

Não. Estamos diante de um novo conflito num novo cenário. É o cenário que se desenha nas democracias liberais constituídas por cidadãos que gozam de determinados direitos e liberdades fundamentais. Os verdadeiros interlocutores já não são "o poder temporal" e o "poder espiritual" — o "altar" e o "trono" —, mas os cidadãos dotados de direitos constitucionais, por um lado, e o Estado, por outro. A questão situa-se, pois, num terreno completamente "secular" (civil, não religioso).

Do que se trata é de que o ordenamento secular atenda acertadamente às exigências de um dos direitos fundamentais do homem: o direito à liberdade religiosa, articulado agora em termos civis e reconhecido pela Declaração Universal dos Direitos Humanos, que no seu artigo 18º. estabelece: "Toda a pessoa tem direito à liberdade de pensamento, de consciência e de religião. Este direito inclui a liberdade de mudar de religião ou de crença, assim como a liberdade de manifestar a sua religião ou crença, individual e coletivamente, tanto em público como em privado, pelo ensino, pela prática, pelo culto e pela observância". Este direito fundamental é reconhecido nos principais tratados internacionais, bem como na maioria

---

8   Foi o conflito que surgiu nesse período entre os papas e os reis cristãos, porque estes exigiam que fossem eles quem investisse os clérigos na administração e usufruto dos feudos eclesiásticos (N. do A.).

das Constituições democráticas, e faz parte, como acontece com os demais direitos humanos, do bem que o Estado deve propor-se e proteger"[9].

Deste modo, por exemplo, quando se solicita que as aulas de religião façam parte do currículo escolar, não se trata de uma exigência eclesiástica, ainda que os bispos participem do equacionamento da questão.

De igual modo, quando se pede que haja capelanias nas forças armadas, nos hospitais e nas prisões, o que está em jogo é que se facilite o exercício da liberdade religiosa dos militares, dos doentes e dos presidiários. Não estão em jogo primariamente os direitos da Igreja, mas dos cidadãos que se encontrem nessas situações. Numa palavra, o "novo conflito" religioso é um conflito secular — não eclesiástico — em torno de uma liberdade fundamental reconhecida por uma ordem política completamente civil[10].

Dito isto, é preciso observar que o que se exige do Estado em matéria dos direitos e liberdades fundamentais não é apenas que não os impeça ou se limite a tolerá-los. O Estado não pode ser entendido como um monarca déspota que se serve dos súditos para os seus próprios interesses. O Estado democrático não é um ser supremo, um Leviatã[11]

---

9   O relator da Declaração Universal dos Direitos Humanos foi o jusnaturalista René Cassin.

10   Todos estes direitos são assegurados pela Constituição brasileira.

11   Thomas Hobbes, que formula uma das primeiras teorias modernas do Estado (1651), concebe-o como um Leviatã a quem todos os cidadãos transferiram o uso da violência. A concentração do poder coercitivo nesse Leviatã seria,

I. A religião e o seu "impacto ambiental"

que imponha a sua vontade a uns súditos desprovidos de direitos, que exerça o seu domínio sobre súditos, em vez de governar cidadãos.

Servindo-nos um pouco da linguagem *business*, seria preciso dizer que cabe ao Estado cultivar uma atitude proativa em relação aos direitos e liberdades fundamentais. Compete-lhe não só remover os obstáculos ao exercício desses direitos, mas promover as medidas necessárias para que o gozo das liberdades fundamentais seja efetivo, e não uma coisa puramente formal. É mais ou menos como acontece quando se tomam por lei medidas concretas que garantam a liberdade efetiva das mulheres, para além do mero reconhecimento constitucional.

Neste ponto, é preciso lembrar que a liberdade religiosa não é menos fundamental que as restantes liberdades cidadãs. E a possível diminuição do fervor religioso numa sociedade não tira a essa liberdade uma vírgula do seu caráter fundamental. A qualidade de "fundamental" de uma liberdade não deriva do seu maior ou menor apreço ou prática social, mas do simples facto de ser fundamental.

2. *Qualquer coisa mais que rezar ou ir à missa*

Há uns anos, ouvi dizer em tom de piada, a um sacerdote que vivia na Índia, que tinha descoberto

---

segundo Hobbes, a maneira de os homens escaparem de um permanente estado de guerra civil. O preço da paz civil consistiria em pôr as nossas vidas em mãos de um Estado todo-poderoso (N. do A.).

que lá o frango era um animal "ecumênico". Com efeito, é um dos poucos animais que podem fazer parte do cardápio dos seguidores de qualquer religião. Os muçulmanos e os judeus não podem comer carne de porco; os hindus não podem comer carne de vaca, para eles um animal sagrado. Enfim, no frango todos somos irmãos.

Trago isto à baila porque as religiões comportam uma série de consequências e obrigações que vão além do recinto íntimo da consciência pessoal. Podem estabelecer para os seus fiéis normas sobre a comida, a higiene, os lugares de culto, o modo de vestir, de casar-se, de descansar etc. Erram os laicistas quando pretendem confinar a liberdade religiosa ao recinto sagrado da consciência e "permitir" que cada qual reze ao Deus que mais lhe agrade e até que vá a algum ofício religioso. Para uma liberdade assim, não é necessária muita cultura política nem muitos progressos democráticos. Como se diz popularmente, para semelhante viagem não seriam necessários tantos alforjes.

Os conflitos surgem porque a religiosidade possui uma dimensão externa, pública e comunitária tão importante como a que tem lugar no coração das pessoas. Permitir a liberdade de seguir determinada religião sem admitir os aspectos exteriores da prática religiosa equivale pouco mais ou menos a não permitir nada.

Faz parte da liberdade religiosa que as pessoas possam reunir-se para celebrar os seus atos de culto, o que costuma requerer templos ou espaços próprios. Também faz parte dela, e isto é muito importante, a possibilidade de manifestarem as crenças próprias e difundi-las por meios de comunicação legítimos. Esta exigência pode ir da liberdade de ensinar determinada religião até à celebração de procissões ou festas e ao adorno das ruas com a montagem de presépios ou árvores de Natal.

Esta liberdade não significa na prática que cada conjunto de crentes possa fazer tudo o que o seu fervor religioso lhe inspire, porque a autoridade pode legitimamente estabelecer limites ou proibições, de acordo com os contextos sociais, históricos ou culturais. Mas o que não tem sentido é que, em nome da laicidade, o Estado não autorize nunca nem em parte alguma a exteriorização de um credo religioso. A exigência de laicidade, entendida desta maneira, parte de um desrespeito à importância que os elementos externos da vivência religiosa têm para os crentes. Reclamar que os espaços públicos sejam religiosamente assépticos equivale em última análise a dar prioridade à descrença sobre as crenças[12].

3. O novo conflito religioso

Como vimos, o novo conflito religioso tem como argumento uma nova exigência de laicidade do

---

12   A Constituição brasileira principia com a seguinte proclamação: "Nós, os representantes do povo brasileiro, *sob a proteção de Deus*, promulgamos esta Constituição".

Estado. Trata-se agora da laicidade entendida como aconfessionalidade e neutralidade religiosa do Estado. O delicado respeito do Estado pela liberdade religiosa de "todos" os cidadãos traz consigo que o Estado se declare incompetente em matéria religiosa, sem aderir a nenhum credo. O Estado não pode, por assim dizer, fazer nenhuma profissão de fé. Entre outras razões, porque não lhe possível realizar um ato de fé.

Pois bem, essa restrição consiste nisto e apenas nisto: em não pronunciar-se sobre a verdade ou falsidade de uma religião[13]. A partir daqui, o Estado pode *in genere*, isto é, em abstrato e sem entrar nos problemas concretos, estar aberto a todo o tipo de "contaminações" religiosas, sem por isso comprometer a sua neutralidade religiosa. E isto, pela mesma razão por que deve ser religiosamente neutro: por força das suas obrigações para com a liberdade religiosa dos cidadãos. E por essa mesma razão deve não só abster-se de identificar-se com determinado credo, mas também colaborar — na medida em que em cada caso for razoável e viável — com a liberdade religiosa dos cidadãos

---

13 A confessionalidade de alguns Estados — fixemo-nos agora apenas na do Reino Unido, berço da democracia — suscita alguns problemas. Em meu entender, essa confessionalidade só é admissível se a concebermos como resultado de uma tradição histórica e cultural, sem outro alcance senão esse. Se por acaso se traduzisse em menoscabo ou falta de equidade no exercício da liberdade religiosa, teria de ser suprimida. Não parece ser o caso do Reino Unido, pois os britânicos não veem comprometida a sua liberdade religiosa pelo fato de o Estado se professar oficialmente anglicano. De qualquer modo, não é a fórmula mais apropriada para um Estado que se declara incompetente e neutro em matéria religiosa (N. do A.).

na sua vertente positiva de exercício prático dessa liberdade.

1. O Estado perante a liberdade religiosa

A COOPERAÇÃO ESTATAL

Nesta linha, pode-se afirmar que as necessidades práticas que surgem do exercício da liberdade religiosa — ensino, lugares de culto etc. — não devem ser discriminadas pelo Estado em relação a outras necessidades dos cidadãos. O Estado encara o credo religioso como mais um fenômeno social e colabora com ele do mesmo modo que o faz com os demais fatores sociais, sem que por isso se converta em confessional: não se faz religioso por ajudar a religião, como não se faz artístico ou desportivo por colaborar com estas outras manifestações da vida social.

Com efeito, o Estado deve agir com coerência e equidade. E atentaria contra a equidade um Estado que fosse generoso em todos os setores, menos nos que têm alguma conotação religiosa. Não faria sentido que um Estado com vincada tendência para as subvenções — ao cinema, aos sindicatos, ao esporte, à opera, aos festejos dos povoados e cidades, aos carnavais etc. — excluísse dessas subvenções determinadas atividades de caráter religioso.

Semelhante restrição significaria passar da laicidade para o laicismo, oposto por sistema à presença do elemento religioso na vida do Estado e na vida social. Seria anômalo que um Estado — como por exemplo o espanhol, que se define a si mesmo como "Estado social e democrático de Direito" — fosse "social" e cooperativo em todos os campos do exercício da liberdade, menos no da liberdade religiosa.

Podemos concluir que todos os problemas que foram aparecendo neste capítulo — como o subsídio a escolas ou universidades confessionais, a presença de autoridades públicas como tais em celebrações religiosas, a inclusão do ensino de religião no currículo escolar (quer na sua modalidade confessional, quer enquanto estudo do fenômeno religioso), a celebração de exéquias religiosas em homenagem a uma figura do Estado etc. — têm uma solução de sinal positivo, compatível com a laicidade do Estado.

E OS SÍMBOLOS RELIGIOSOS?

É neste campo — o do crucifixo nas escolas e lugares públicos, o do véu islâmico etc. — que mais claramente surge o conflito entre a dimensão positiva (as livres manifestações das crenças) e a negativa (não haver proibições) da liberdade religiosa.

Para dar uma resposta cabal a este conflito, penso que convém avaliar o aspecto da liberdade religiosa negativa — isto é, a de "não ser obrigado a" — que pode ser afetada pelo uso externo de um símbolo

I. A religião e o seu "impacto ambiental"

religioso. Perante esta questão, convém observar que a presença habitual ou transitória de um símbolo cujo conteúdo propriamente religioso não se compartilhe, não força ninguém a aderir à verdade religiosa manifestada por esse símbolo. Se, por exemplo, o plenário da Câmara dos Deputados é presidido por um crucifixo, isso não significa que se peça aos deputados que adiram ao cristianismo. Ou se uma aluna muçulmana vai à escola usando um véu islâmico, isso também não significa que os demais colegas devam aderir ao credo muçulmano. Igualmente, se a municipalidade dá o nome de um santo ou um papa a uma avenida ou praça, não é que pretenda que os moradores das vizinhanças e o resto da cidade façam um ato de fé ou de simpatia pelo catolicismo; ou se dá a uma rua o nome de Karl Marx, não é que peça um ato de "fé marxista" a quem quer que seja[14].

A melhor solução, depois de dar por assente que em nenhum caso se pede a ninguém que confesse o que não crê, é o recurso democrático ao critério das maiorias. De acordo com este critério, a autoridade competente em cada caso deveria adotar a sua decisão de acordo com a sensibilidade e a cultura da maioria das pessoas que compõem a respectiva comunidade. Deste modo, não se prioriza nem se

---

14 O que não se pode é dar a uma rua ou praça o nome de Hitler ou Stalin, porque um e outro encarnam o contrário dos valores da nossa civilização. Por isso, sustentar, por exemplo, que não se pode dedicar uma avenida a João Paulo II ou ao Padre Pio seria pô-los no nível de Hitler ou Stalin e ver neles a encarnação dos antivalores da nossa civilização (N. do A.).

despreza a liberdade positiva nem a negativa. Ambas têm o mesmo tratamento, e em cada caso se toma a decisão mais concorde com as circunstâncias do momento e do lugar. Assim, por exemplo, não é que o crucifixo "deva estar" por princípio nas salas de aula, mas por princípio "pode estar".

Se por este critério se exibe o crucifixo em certas ocasiões ou em determinados lugares, isso não significará que o Estado adere ao cristianismo. Significará simplesmente que, num conflito entre cidadãos, o Estado permite a prevalência de uma opção sobre outra. *A contrario sensu*, não constituirá uma posição irreligiosa ou antirreligiosa do Estado que em determinadas ocasiões não se exponha o crucifixo: só significará que o Estado permite que prevaleça nesse caso a liberdade negativa sobre a positiva. Em última análise, o Estado será neutro não quando impuser a assepsia religiosa nos espaços públicos, mas quando deixar que sejam os cidadãos — os usuários desses espaços — a determinar o teor dos mesmos.

Quanto ao véu islâmico, a solução a favor do seu uso é ainda mais evidente, porque não se compreende como possa atentar contra a liberdade negativa de uns cidadãos que haja quem se se vista de acordo com as suas crenças religiosas. Só se pode admitir o caráter de proselitismo ao modo de vestir-se quando se parte de uma posição intolerante, isto é, de uma concepção segundo a qual todo o comportamento diferente do habitual

I. A religião e o seu "impacto ambiental"

ou majoritário é uma ingerência no próprio, uma influência indevida, uma ameaça[15].

No caso concreto do véu, e muito mais da burka, a razão de alguma proibição deveria ser a defesa da dignidade da mulher, não evidentemente a proteção de um espaço religiosamente asséptico. Mas esta é outra questão.

2. O conglomerado de ateus e agnósticos

As considerações feitas ao longo deste capítulo põem-nos em condições de entender o que é o laicismo e de avaliá-lo. E ficamos com a impressão de que a proposta sociopolítica do laicismo concebe o espaço público com as mesmas qualidades da água: um espaço incolor, inodoro e insípido. Isto é, sem nenhuma coloração religiosa, sem nada que cheire a religião, nem nada da religião que possa ser degustado.

A pretensão de que o espaço público acolha todo o universo das pessoas traduz-se na prática em que não cabem nele os que têm fé. Partindo de que as religiões são parciais, o laicismo nega-lhes o direito de cidadania na praça pública, que é onde todos nos podemos encontrar, sejam quais forem as nossas crenças e práticas religiosas. Só poderiam estar presentes as coisas que todos temos em comum; por

---

15 É elucidativo observar que o dólar contém a expressão *In God we trust* e, no Brasil, as cédulas de dinheiro trazem a inscrição "Deus seja louvado". Houve uma tentativa do Ministério Público de retirar essa inscrição das notas brasileiras, mas foi rejeitada pela Justiça.

outras palavras, a nossa nua cidadania, sem aderências particularizantes ou fatores de divisão.

Mas em que consiste a nua cidadania? Em nada. Não remete para nenhum cidadão nem para nenhum modo real de viver, a não ser talvez o dos agnósticos, ateus ou partidários de uma religiosidade descafeinada, completamente desvinculada da vida real das pessoas. É preciso concluir que a proposta social do laicismo, em termos práticos, não se aplica a nada nem a ninguém que realmente exista.

Neste sentido, o laicismo não tem nada de neutro, pois implica a apropriação do espaço público por um setor da sociedade: o seu ponto de referência humana é o das pessoas que vivem *etsi Deus non daretur*, como se Deus não existisse. O que está no fundo das pretensões laicistas é assim uma estratégia para que triunfe socialmente a descrença e para que a vida social do homem — aquela que realmente existe, pois o homem vive necessariamente em sociedade — se organize à margem de Deus.

Compreende-se que haja pessoas empenhadas em erradicar Deus da construção social, mas o que é inaceitável é que a neutralidade do Estado consista em que esse grupo — o dos incréus — se aposse do controlo do Estado e desse modo imponha ao resto da sociedade uma ordem social sem Deus. Não assiste a esse grupo o direito democrático de fazer com que o Estado se constitua à imagem e semelhança do seu projeto de humanidade, porque isso seria violar a neutralidade do Estado.

Mas temos de ver a hipótese contrária. Podem, por sua vez, as pretensões dos crentes incidir na sociedade e fazer os homens subsumir-se nas suas crenças? Não terão todos de viver de acordo com essa particular visão do mundo e das coisas? Vamos examinar o problema no capítulo que se segue.

II. Os debates morais nas democracias

1. *Como o azeite e a água?*

Muitos problemas que se debatem na opinião pública — a despenalização do aborto ou o seu reconhecimento como um direito, a eutanásia, a equiparação da união homossexual ao casamento etc. — dão a impressão de estabelecer uma espécie de incompatibilidade entre a democracia liberal e os valores morais. É como se a moral e a democracia fossem incapazes de misturar-se, tal como o óleo e a água.

Para alguns, a democracia deve rejeitar as referências morais, se pretende manter-se como espaço livre de convivência entre pessoas com credos e mentalidades diversas. Para outros — os que chamei democéticos —, a democracia é incompatível com os seus valores morais e constitui um regime moralmente perverso. Vamos agora ocupar-nos dessa aparente incompatibilidade.

1. *Cuidado com os crentes! E que vigiem o árbitro*

Em outubro de 2004, discutia-se em Estrasburgo a formação da nova Comissão Europeia, o equivalente em certo sentido ao Conselho de Ministros de um país. Um dos candidatos a pertencer a essa Comissão, como titular da pasta de Liberdades, Segurança e Justiça, era o político e intelectual Rocco Buttiglione. Na inquirição a que se submeteu os candidatos, foi-lhe perguntado qual era a sua opinião sobre o homossexualismo. O político italiano, cujas convicções católicas eram sobejamente conhecidas, respondeu que, embora considerasse a prática homossexual um pecado, entendia que não se tratava de um delito. Desatou-se uma tormenta midiática e política e o Parlamento Europeu fez pressão para que o candidato fosse rejeitado, como realmente aconteceu. Foi um dos casos mais clamorosos de marginalização de um político com base nas suas opiniões morais[1].

Outro caso sonoro, ainda que não tivesse por consequência a inabilitação política, foi a do norte-americano Francis S. Collins, que dirigia o projeto Genoma Humano quando se completou em 2001

---

1 Houve uma tentativa, na França, de considerar inconstitucional o artigo do Código Civil que só permite o casamento entre um homem e uma mulher. Porém, o Conselho Constitucional da França, que é o Tribunal Constitucional daquele país, declarou em 27/01/2011, sobre os pares de pessoas do mesmo sexo: "Considerando que a diferença de situação entre casais do mesmo sexo e casais compostos de um homem e uma mulher podem justificar uma diferença de tratamento quanto às regras do direito de família; que não cabe ao Conselho Constitucional substituir a sua apreciação à do legislador, sob o prisma, nesta matéria, dessa diferença de situação [...], as disposições vigentes não são contrárias a nenhum direito ou liberdade que a Constituição garante". E decidiu: "A letra última do artigo 75 e o artigo 144 do Código Civil (união entre homem e mulher) estão de acordo com a Constituição", com o que não autorizou que os casais do mesmo sexo fossem considerados família, só possível na união entre um homem e uma mulher.

II. Os debates morais nas democracias

a sequência do DNA humano. Pois bem, a sua nomeação por Obama como Diretor do National Institute of Health gerou controvérsia por causa da sua reconhecida posição cristã no seu livro *A linguagem de Deus*. Ao que parece, a sua fé poderia ser um obstáculo à conveniente solução dos problemas bioéticos.

O que está implícito nessas atitudes é que as convicções morais de um crente o inabilitam ou ao menos lhe dificultam enormemente para dar uma resposta acertada aos problemas que envolvem aspectos éticos. O crente é visto por uma parte importante da opinião pública como um democrata pouco confiável: "Cuidado com os crentes!" parece um lema que tem efeitos práticos.

Como reação a essa ideia feita, surgiu uma onda de ativistas em defesa dos valores cristãos. E isso levou a pensar que muitos desses ativistas dão um valor relativo à democracia: submetem-se a ela não por considerá-la boa, mas, como se costuma dizer, porque "é o que há". Acusam-na de favorecer a deterioração da moral na sociedade[2], que aliás salta à vista de todos os homens retos e os faz exclamar o

---

2 Com efeito, causa calafrios saber que na Europa democrática se atinge a cifra de um milhão e duzentos mil abortos por ano, superior à das mortes por acidentes de trânsito e próxima à dos suicídios. Também aflige verificar como vão em aumento os divórcios (na Europa, um em cada 31 segundos), graças à chamada lei do divórcio ultrarrápido; ou como se banaliza o sexo por meio de campanhas supostamente organizadas para prevenir doenças de transmissão sexual, às quais se juntam os programas da mal chamada educação afetivo-sexual, reduzidos a mera informação sobre métodos anticoncepcionais, quando não a um claro adestramento em práticas sexuais de diversa espécie (N. do A.).

que se ouve tão frequentemente: "Por este caminho, aonde vamos parar?" Ou a dar razão à velha piada do aspirante a boxeador que, depois de ser coberto de pancadas pelo adversário — o Touro de Wisconsin — e ter os supercílios fendidos, os olhos roxos, os pômulos inchados e a cara feita um rego de sangue, dizia ao treinador que, para animá-lo, lhe garantia que o Touro mal o tinha tocado: "Pois então, que vigiem o árbitro, porque alguém me está partindo a cara".

Encontramo-nos, pois, num cenário que bem poderíamos qualificar como de guerra — felizmente sem sangue —, em que um setor da sociedade, o dos laicos, teme que o outro, o dos crentes convictos, possa aderir aos postulados da verdadeira democracia, e o setor de alguns crentes veja na democracia um fator da progressiva decadência moral que notam à sua volta.

Estou pessoalmente convencido de que, à parte certas questões inevitavelmente conflitivas, não há nenhuma situação de confronto entre democracia e religião; de que a democracia não é de per si um regime contrário à permeabilidade religiosa. A democracia é uma das construções mais grandiosas do ser humano e está aberta aos crentes. Muito provavelmente, esse sistema político será o que na realidade tem de ser — um *ethos* de paz, justiça e liberdade[3] — na medida em que se observem nela

---

[3] Assim se refere à democracia Martin Rohnheimer no seu livro *Cristianismo e laicidade. História e atualidade de uma relação complexa*. Trata-se de um livro de leitura obrigatória para quem queira se aprofundar na questão do laicismo em confronto com a religião (N. do A.).

os valores morais derivados dos princípios mais genuinamente religiosos.

2. Uma casa para todos onde ninguém cabe

Como acontece tantas vezes, dá toda a impressão de que a batalha a que nos referimos se trava porque se têm dado respostas erradas a problemas reais.

Peço desculpas por trazer à baila um episódio pessoal. Na cidade em que resido, cruzei-me certa vez pela rua com um colega que escreve habitualmente na secção de opinião do diário local. Permiti-me dizer-lhe que os seus artigos continham frequentemente referências sarcásticas e implicantes aos costumes, crenças e instituições cristãs. Objetou-me que isso se devia a um excesso de sensibilidade da minha parte, já que o seu estilo era a mordacidade em tudo o que escrevia (não só a respeito da Igreja), como recurso literário de crítica social. "Mas tenho de reconhecer — acrescentou — que deixei de ter especial afeição pelos padres e pela religião quando, muitos anos atrás — na época de Franco —, um dos meus parentes que adorava caçar não teve autorização da Guarda Civil para fazer uso da espingarda de caça porque o pároco da aldeia tinha dado um parecer negativo".

As intromissões indevidas do fator religioso na vida social vêm de longe. Como pequeno botão de amostra, certamente de mais qualidade literária do que o do episódio que acabo de relatar, pode ser-nos útil, embora proceda do mundo da ficção, o que narra Irène Némirovsky no seu romance *Suíte française*.

A autora situa a cena num pequeno povoado da França ocupada pelos nazistas. Nele residiam uma mulher da burguesia local, a sra. Angellier, e a viscondessa de Montmort. A primeira cuidava de cumprir com extremo zelo as normas da polícia sobre os gastos que se faziam nesse período de escassez para que não faltasse comida. A viscondessa, porém, "preocupava-se sobretudo com a questão religiosa: se, apesar dos controles das autoridades de ocupação, todos os recém-nascidos recebiam o batismo, se todos os membros das famílias comungavam duas vezes por ano, e se as mulheres iam à missa (quanto aos homens, fazia vista grossa; seria pedir muito). De modo que, das duas figuras, a da viscondesssa e a da sra. Angellier, a mais odiada era a primeira". Reação completamente compreensível.

A vigilância quanto aos aspectos religiosos da vida social, se for asfixiante, provoca rejeição. Mas isso não justifica que seja motivo para chegar a uma incompatibilidade essencial. É o problema que temos de esclarecer, isto é, se a rejeição de intromissões ilegítimas dos crentes em assuntos que não lhes dizem respeito justifica que se articule uma ordem política impermeável e contrária às convicções religiosas na sua dimensão social.

A bem dizer, a questão no nível das ideias é mais séria do que a que se depreende dos casos descritos:

II. Os debates morais nas democracias

relaciona-se com a arquitetura do edifício democrático em matéria de questões morais como as que mencionamos atrás ou de outras como a pena de morte, a legitimidade de uma intervenção militar, o recurso à energia nuclear — questões que são objeto de vivos debates.

O caso é que o progressivo pluralismo das sociedades desemboca numa crescente disparidade de critérios entre a população. Muitos teóricos da política esforçaram-se por compreender quais hão de ser as condições desses debates para que se conformem com o caráter liberal da ordem política, isto é, para que as medidas que se adotem — as leis que se aprovem em cada caso — sejam compatíveis com a máxima liberdade possível para os cidadãos[4]. Servindo-nos da imagem de um prédio, diríamos que muitos pensadores concebem o espaço público — a convivência política — como uma casa capaz de acolher toda a gente (católicos, cristãos de diversas confissões, judeus, muçulmanos, hindus, budistas, agnósticos, ateus, defensores da família "tradicional" ou de outro tipo de união estável etc). O problema é saber se realmente ou até que ponto pode haver, efetivamente, uma casa capaz de albergar todos os seres humanos, e se não acontecerá que nessa casa

---

4   Embora a democracia moderna tenha entre os seus objetivos outros bens fundamentais como a justiça e a paz; e embora as democracias liberais se caracterizem também por certas instituições políticas como a representatividade, o sufrágio universal etc., o cidadão médio tende a considerar como o mais alto valor do regime liberal a sua capacidade de garantir aos indivíduos a possibilidade de organizarem a sua vida do modo que acharem mais conveniente (N. do A.).

afinal não caiba ninguém, ao menos ninguém com determinadas crenças.

2. Do liberalismo político ao liberalismo moral

De uns tempos para cá, os debates com fundo moral — sobretudo os que se relacionam com a família ou com a defesa da vida — têm-se multiplicado e foram-se tornando progressivamente polêmicos. A discussão pública radicalizou-se, na medida em que os posicionamentos mais "liberais" encontraram maior resistência nos meios que costumam ser qualificados como "conservadores", quando não diretamente reacionários. Em países com tradição católica, essa resistência tem sido protagonizada em muitas ocasiões pela Hierarquia católica e por grupos que, para a opinião pública, de algum modo a representam. Nos Estados Unidos, a resistência política a essas leis mais "liberais" ou "progressistas" também tem sido promovida — e talvez com maior contundência que a Hierarquia católica — por grupos cristãos ativos de diversas confissões.

Como se percebe facilmente, em semelhante contexto o termo "liberal" deslizou do plano propriamente político para o moral, e por conseguinte já não temos pela frente uma concepção política, mas uma concepção moral que entra em conflito com outra. Já não estão em jogo propostas políticas,

II. Os debates morais nas democracias

mas morais. Quando na arena política se defrontam liberais e conservadores (por exemplo, na questão do aborto), o confronto dá-se, em última instância, entre duas visões diferentes de como acometer politicamente uma questão moral. O liberalismo político passou a ser uma questão de liberalismo moral.

O liberalismo político está indissoluvelmente ligado ao conceito moderno de democracia. É uma concepção segundo a qual a ordem política deve salvaguardar o máximo possível das liberdades individuais dos cidadãos. Está cheio de propostas valiosas e deu lugar a instituições de grande transcendência, tais como o sufrágio universal, o império da lei, a divisão de poderes etc. Constitui um avanço da civilização.

Porém, o uso do termo "liberal" em contraposição ao de "conservador" já não é, ainda que o pareça, um uso exclusivamente político — equivalente ao de democracia —, mas possui um alcance moral. Por isso penso que se pode falar de um *liberalismo moral*, que vai além do *liberalismo político*, e que deixa de ser um requisito da ordem democrática. A essência do que denomino liberalismo moral é a ideia segundo a qual a liberdade consiste na capacidade de o ser humano se reger pelas suas próprias normas de conduta. Encontramo-nos assim diante de uma filosofia moral, e não de uma posição propriamente política.

Como acabamos de dizer, as chamadas posições "liberais" nos debates sociais não são propriamente uma exigência da democracia, mas um tipo concreto de orientação moral no seio dela. Pode-se, pois, ser um acérrimo defensor do que tecnicamente se denomina "democracia liberal" e não ser necessariamente partidário das posições "liberais", tal como estas costumam ser entendidas no confronto ideológico.

A questão não é simples de expor porque, por exemplo, continuando com o problema do aborto, podemos observar nos partidários da sua legalização duas possíveis motivações: ou por não verem nenhum obstáculo moral em abortar, ou por considerarem que, embora seja uma prática moralmente reprovável, a lei deve permitir que uma mulher aborte se a sua consciência não lho impede.

1. O argumento mais popular

O raciocínio que acabamos de expor, que talvez seja o mais estendido socialmente, baseia-se num argumento altamente popular: a ideia de que ninguém pode impor aos outros a sua moral.

Daí resulta que uma concepção liberal das questões morais em política traz consigo uma atitude permissiva: a de permitir que cada qual se comporte segundo a sua visão pessoal. O que será ilegítimo e antidemocrático é a pretensão dos conservadores de impor a *sua* moral — normalmente unida a crenças religiosas — ao resto da sociedade. Para os liberais (em sentido moral), a posição dos conservadores é intransigente e perigosa para a democracia, e por isso — isto é, por não poder ser compartilhada por todos os cidadãos — não deve ter voz nos debates públicos. Mas é mesmo assim?

2. "Nós parimos, nós decidimos"

Para responder a essa pergunta, é necessário averiguar se os debates que envolvem questões morais versam efetivamente sobre assuntos de moral privada.

Aparentemente, é assim. O drama de uma mulher que pensa em abortar, o desejo de duas pessoas do mesmo sexo se casarem, ou o de um casal ter um filho mediante o recurso a meios artificiais afetam sem dúvida e muito a vida pessoal dos protagonistas. Mas serão questões exclusivamente privadas? A resposta é "não", porque seria a "privatização" de questões não puramente privadas.

Centremo-nos no caso do aborto. Os grupos feministas que consideram o aborto um direito da mulher agitam o lema: "Nós parimos, nós decidimos". Será que, à parte os seus efeitos retóricos, o lema tem a razão do seu lado?

Falamos acima do "drama" da mulher que pretende abortar. Por que "drama"? Porque o que está em jogo nessa mulher é o embate entre a possibilidade de ser mãe e a vida do filho. O drama é que ela não quer ser mãe desse filho, mas acontece que esse filho já foi concebido. Eliminá-lo agora é matá-lo.

A alteridade mãe-filho, a entrada em cena de um novo ser humano, *desprivatiza* a questão e as mulheres já não podem gritar: "Nós parimos, nós decidimos".

O conflito entre a mulher que — seja qual for a "razão" — não quer ter um filho, e o ser humano concebido no seu seio, passa, pois, a fazer parte dos assuntos que devem ser tratados segundo uma regra de justiça. E ao falarmos de "regra de justiça", estamos abandonando o terreno do estritamente privado. A decisão de abortar não é como essas decisões pessoais das quais não temos de prestar contas a ninguém, como é o caso da escolha de profissão ou de residência ou de estado civil (permanecer solteiro ou casar-se).

O dilema em que se debate a consciência das mulheres — dramático para quem não tem o senso moral deformado — e, em geral, certos setores ululantes da sociedade, procede de que o que se encontra no seio materno não é um *algo*, mas *alguém*, por mais imperfeito que seja. Por outro lado, o argumento de que, nas chamadas "políticas de saúde reprodutiva" — mesmo por parte de governos que promovem a legalização do aborto —, um dos objetivos é que os casos de aborto diminuam, põe de manifesto que a eufemisticamente chamada "interrupção da gravidez"[5]

---

[5] A idade, talvez, esteja tornando-me intolerante com a semântica dos cidadãos que optaram pelas denominadas posturas "politicamente corretas".
    Entre tais optantes por afastar os socialmente inconvenientes, impressiona-me a desfaçatez com que dizem que uma das melhores formas de valorizar a dignidade da mulher é recolher-lhe o direito de matar os seus filhos no próprio ventre.

é um mal que não diz respeito exclusivamente à mulher.

3. Razões e crenças

Opor-se ao aborto não é, portanto, discutir sobre juízos morais acerca do projeto pessoal de vida, mas sobre a legitimidade de que um ser humano se subordine à vontade de outro. A decisão de acabar com a vida de um ser humano não pode, pois, ser considerado um assunto unicamente privado.

Os abortistas costumam tentar desacreditar os que lhes são contrários argumentando que estes se baseiam em "crenças religiosas" que não deveriam contaminar um debate público (por exemplo, o direito de as mulheres viverem a sua sexualidade do modo que preferirem). Com isso, caem numa gritante contradição. Por um lado, argumentam que, numa sociedade que deve reger-se pelos ditames da razão ilustrada, as crenças que eles consideram ligadas a concepções religiosas não devem interferir

---

Nesta linha, não é levada em consideração a dignidade humana do nascituro pois, em uma sociedade hedonista, tudo é permitido, mesmo a eliminação de seres humanos indefesos, desde que se encontre um amortecedor de consciência, como o da manipulação semântica. Compreende-se, pois, que expressões como "antecipação do parto", ou seja, "antecipação da morte do feto" ou "interrupção da gravidez", quer dizer, "interrupção da vida do nascituro", sejam comuns.

Há, por exemplo, grupos organizados de senhoras que se dizem católicas e não têm o menor pejo em ser frontalmente contra a doutrina da Igreja nesta matéria. Tenham o motivo que tiverem para justificar as suas posturas, não deveriam passar a ilusão de que são o que não são, até porque a Igreja Católica não as reconhece. A Igreja defende o direito à vida desde a concepção.

nos debates públicos, por não corresponderem a esse ideal da razão ilustrada. Por outro, porém, afirmam que é a cada mulher que cabe decidir se o embrião e o feto são ou não um ser humano. Não há nessa argumentação nenhum tipo de racionalidade[6].

Penso que, para sair desse atoleiro, é preciso admitir que os debates morais nas democracias devem partir de dois pressupostos fundamentais.

O primeiro é captar, como acabamos de ver, quanto ao aborto, a dimensão não meramente pessoal das questões em debate. É indubitável que muitas dessas questões têm um forte componente em termos de felicidade pessoal, mas em cada caso é necessário reconhecer que, além do elemento pessoal, há outros elementos que afetam outras pessoas: não haveria debate público se, em

---

[6] Não deixa de ser curioso e entristecedor observar, como diz Roberto Martins, que são praticamente idênticos os argumentos invocados em 1857 pela Suprema Corte americana para justificar a escravidão e a decisão de permitir o aborto em sentença pronunciada 116 anos depois: "Nos Estados Unidos, a Suprema Corte, no caso *Dred Scott*, em 1857, defendeu a escravidão e o direito de matar negros à luz dos seguintes argumentos: 1) o negro não é uma pessoa humana e pertence ao seu dono; 2) não é pessoa perante a lei, mesmo que seja tido por ser humano; 3) só adquire personalidade perante a lei ao nascer, não devendo haver daí em diante qualquer preocupação com a sua vida; 4) quem julgar a escravidão um mal, que não tenha escravos, mas não deve impor esta maneira de pensar aos outros, pois a escravidão é legal; 5) o homem tem o direito de fazer o que quiser com o que lhe pertence, inclusivamente com o seu escravo; 6) a escravidão é melhor do que deixar o negro enfrentar o mundo.

Em 1973, no caso *Roe vs. Wade*, os argumentos utilizados para hospedar o aborto foram os seguintes: 1) o nascituro não é pessoa e pertence à mãe; 2) não é pessoa perante a lei, mesmo que seja tido por ser humano; 3) só adquire personalidade ao nascer; 4) quem julgar o aborto mau, não o faça, mas não deve impor esta maneira de pensar aos outros; 5) toda a mulher tem o direito de fazer o que quiser com o seu corpo; 6) é melhor o aborto do que deixar uma criança mal formada enfrentar a vida" (Roberto Martins, *Aborto no direito comparado,* Sérgio Antonio Fabris Editor, 1999).

questões como o aborto, a fecundação *in vitro*, os requisitos para contrair matrimônio ou a eutanásia, estivesse em jogo apenas o bem ou o interesse individual. Às vezes, essa dimensão transpessoal não se apresenta como algo evidente, mas existe e é decisiva.

Outro pressuposto importante é que essas questões devem ser resolvidas mediante uma *racionalidade moral*. Isto significa que as decisões políticas — os critérios para aprovar determinadas leis ou para resolver problemas controvertidos — não devem ser tomadas com base em juízos subjetivos emocionais. Não há dúvida de que, em certos casos, a resposta racional não é imediata nem compartilhada por todos. Mas essa dificuldade não deve levar a abdicar do esforço por descobrir a verdade nem a renunciar a alcançá-la no debate público.

Em resumidas contas, não se pode partir do preconceito de que as concepções morais ligadas a crenças religiosas carecem de racionalidade.

4. Uma conclusão

Eis o que me parece oportuno reter: que estabelecer obrigações ou proibições não é necessariamente intrometer-se ilegitimamente na vida privada; que, quando o exercício da liberdade tem consequências negativas para o bem público, a liberdade individual deve ser preterida em favor do que é bom para o conjunto da sociedade.

Os que não participam do que denominei nestas páginas "liberalismo moral" têm pela frente um demorado trabalho de persuasão, porque enfrentam uma conjuntura cultural em que a liberdade pessoal e o sentido de autonomia estão tão arraigados que tornam muito difícil para a maioria das pessoas admitir que as suas decisões devem ter em conta aspectos que ultrapassam a sua felicidade pessoal.

É difícil, por exemplo, admitir que o casamento é uma instituição social e que, portanto, tem umas características que não são definidas pelos nubentes e às quais têm de amoldar-se os que querem formar uma família: em termos de "saúde social", de felicidade para o conjunto da sociedade, não dá na mesma que o casamento seja monógamo ou polígamo, que possa dissolver-se ou não, que seja entre um homem e uma mulher ou entre pessoas do mesmo sexo. Como também — nem é preciso dizê-lo — não é indiferente para as crianças abortadas que a lei permita ou não o aborto. E nem é irrelevante — para a felicidade dos familiares e a sua expectativa de que se prestara a devida atenção médica ao doente terminal — que se aprove ou não o suicídio assistido[7].

Acho importantíssimo que ganhemos consciência do "impacto" público das nossas ações. Há poucas coisas tão pessoais como a moradia das pessoas,

---

[7] No seu livro *Seduzidos pela morte* (2009), Herbert Hendin dá uma ideia cabal da insuspeitada dimensão pública que tem na prática a legislação sobre o suicídio assistido (N. do A.).

e, no entanto, os planos urbanísticos estabelecem critérios obrigatórios para a construção da casa própria, ainda que tragam desconforto.

3. Relativismo e democracia

1. Entre a arrogância e a ameaça

Na Inglaterra, em abril de 2008, um casal de surdos teve uma filha que nasceu surda como o pai e a mãe. Quiseram ter outro filho, mas como a esposa passava dos quarenta, pensaram na fecundação in vitro. Queriam, porém, aproveitar as possibilidades da genética e o diagnóstico pré-natal para escolher um embrião que nascesse surdo como eles e a filha.

O caso despertou a atenção do Parlamento, que pretendeu introduzir no projeto de lei sobre fertilização humana e embriologia, então em debate, uma cláusula que impedisse precisamente essa pretensão. Numa entrevista concedida à BBC, o casal declarou que não considerava a surdez um defeito e uma limitação, mas um simples traço diferenciador, uma realidade positiva, com aspectos maravilhosos: "É como ser judeu ou negro, e não temos a impressão de que pertencer a um desses grupos minoritários seja uma desgraça... Se as pessoas que ouvem normalmente têm o direito de eliminar embriões surdos, nós deveríamos também ter o direito de descartar um embrião sem surdez".

E, com grande espanto do repórter, a entrevista encerrou-se assim: "Numa comunidade de surdos, você seria um incapaz".

Se nos detivermos uns instantes a considerar as razões do casal, veremos imediatamente que um elemento implícito, mas decisivo, da argumentação é que o bom e o mau são valores absolutamente relativos e, em consequência, ninguém pode legislar baseando-se em razões objetivas.

O que está por trás do raciocínio desse casal é a "indiferença". Ser surdo ou poder ouvir seriam situações em si mesmas indiferentes: nenhuma delas seria melhor que a outra, e cada qual escolheria a que achasse melhor. A sociedade, na opinião do casal, deveria mostrar-se indiferente e permitir que fossem marido e mulher que escolhessem o tipo de filho que quisessem ter, se com surdez ou sem surdez.

Na verdade, não se trata apenas de que alguém considere a surdez melhor ou pior do que a capacidade auditiva. Trata-se, uma vez mais, de pedir ao resto da sociedade que se abstenha de julgar boa a audição e má a surdez.

Semelhante relativismo, transposto para o campo moral, leva a sustentar que nada é bom ou mau por si mesmo. A moral seria um território sem verdades e caberia a cada qual escolher as *suas* verdades, os valores sobre os quais edificar a sua vida.

A variedade de opções morais que observamos à nossa volta parece confirmar que, em matéria moral, a verdade não existe. Mais ainda, chega-se a considerar que, se houvesse valores objetivamente bons ou maus, desapareceria a nossa liberdade, e que verdade e liberdade seriam incompatíveis: esta é, a meu ver, a essência do que venho denominando "liberalismo moral": a ideia de que a liberdade humana consiste na capacidade de o homem estabelecer para si próprio as normas de conduta.

Ora, uma coisa é que, efetivamente, cada qual atue nos seus assuntos privados em função do seu critério moral pessoal, sem que ninguém o imponha; e outra muito diferente é pensar que é cada qual quem determina o que é bom ou mau. Ser veraz, por exemplo, não seria moralmente bom porque se trata de um valor objetivo; mas, ao contrário, seria moralmente bom porque eu assim considero e decido. Numa palavra, não é a minha opção que converte em boa a veracidade ou qualquer outro valor[8].

---

8   Nesta busca de um equilíbrio entre o direito do Estado, o direito da sociedade e o direito do indivíduo, todos os três devendo ser respeitados numa autêntica democracia, reside o grande desafio do século XXI, para todas as nações e todos os sistemas jurídicos dominantes.
    Não pode um Estado nem a sociedade dizer o que é bom para o exercício da individualidade de cada um (ser), da sua maneira de expressar (pensar) e de como deve agir (família, trabalho e relações sociais).
    Pode o Estado, enquanto os seus governos são representantes do povo, dizer quais as obrigações do cidadão para com a pátria e de que forma exercer os direitos próprios de uma democracia (vida, segurança, propriedade e liberdade, ali. 5º da Constituição brasileira), na busca de uma igualdade assimétrica. Não pode, todavia, dizer como se deve educar os filhos — a não ser na grade curricular das escolas —, ou seja, não pode interferir nos valores, incluídos os de natureza religiosa, que os pais pretendem dar aos seus filhos ("Não cabe ao Estado dizer como cada um deve ser", *Revista ESPM*, maio/junho 2012).

Sem entrar nos aspectos filosóficos desta questão, que ultrapassam os limites deste trabalho, direi simplesmente que, na prática, não somos tão relativistas como se costuma afirmar. Todos reconhecemos como modelos que encarnam valores superiores as pessoas que se destacam pela sua generosidade, desprendimento, grandeza de ânimo, lealdade, profissionalismo, espírito de serviço à comunidade; e consideramos pouco edificantes outras pessoas cuja ruindade, vileza ou simples mediocridade nos provoca repulsa. Mesmo que nem todos estejamos cem por cento de acordo quanto aos valores e às pessoas, costuma haver bastante consenso na distinção entre comportamentos miseráveis e sublimes. Em geral, reconhecemos que pessoas como Gandhi, Mandela ou Teresa de Calcutá encarnam valores superiores não só aos de Hitler ou Stalin, mas aos de uma infinidade de figurinhas medíocres que gozam de grande aura pública.

Temos ainda que destacar a quase irremediável transposição do juízo moral para o terreno político. Desterrada a verdade moral do horizonte da ação humana, o relativismo moral passa a ser apresentado como condição da democracia. Se a simples existência de um bem moral objetivo é entendida como uma ameaça à liberdade pessoal, muito mais ameaçador há de parecer falar de verdades que devam guiar a convivência política.

Nesse contexto, falar de verdade moral há de soar aos ouvidos de alguns como uma arrogância ou uma ameaça. Arrogância, porque sustentar que uma coisa é objetivamente boa ou má seria ir além da capacidade humana. Ameaça, porque se considera que quem se acha na posse da verdade quererá tentar subjugar os outros.

2. John Rawls, um autor de referência obrigatória

Semelhante modo de encarar a questão está muito espalhado e é altamente popular. De qualquer modo, pode valer a pena dedicar um pouco de atenção à sua formulação intelectual mais elaborada. Procede de um dos pensadores mais influentes do panorama político, o norte-americano John Rawls (1921-2002).

Não é fácil compreender as suas teses, porque, além de provirem, como acabo de dizer, de um dos mais destacados pensadores políticos, têm o mérito de procurar uma resposta intelectualmente sutil e muito elaborada à problemática questão dos debates morais na democracia. Mas vale a pena o esforço por escalar o monte a que sobe o seu pensamento.

O véu da ignorância

Rawls expõe o seu pensamento sobretudo em duas obras fundamentais: *Uma teoria da justiça* (1971) e *Liberalismo político* (1993). Embora o propósito da primeira seja, como o nome indica, estabelecer as condições a que deve obedecer uma sociedade para se organizar justamente, já há nela elementos que depois desenvolverá na segunda, com uma referência mais direta ao modo de organizar a convivência política para que possa acolher cidadãos que subscrevem doutrinas morais contrapostas entre si.

Não obstante, convém deter-se a observar como o autor equaciona o problema da justiça na primeira dessas obras. Para compreender a sua concepção da justiça, é preciso ter em conta que subjaz na sua teoria social a concepção contratualista própria das democracias liberais. Rawls entende que a sociedade se baseia num pacto ou contrato implícito entre os cidadãos tendo em vista um benefício mútuo em condições de justiça: a sociedade tem sentido se for entendida como um sistema de cooperação vantajoso para todos os seus integrantes.

Tendo em conta a diversidade e contraposição dos interesses dos seus membros, esse pacto só poderá subsistir se se cumprem determinadas regras, regras que o autor denomina *fairness* ou equidade. Só um pacto equitativo pode dar sentido à vontade cooperativa dos integrantes da sociedade. Os cidadãos que se considerem prejudicados pelo jogo social deixarão de cooperar para o bom andamento da sociedade.

Rawls acode a um artifício intelectual para explicar a possibilidade desse pacto equitativo que torne possível uma sociedade justa ou, na sua terminologia, "bem ordenada". Trata-se de um pacto teoricamente firmado pelos cidadãos a partir de uma presumida "posição original" em que todos se cobrem de um "véu de ignorância", isto é, ignoram — deixam de considerar — a sua fortuna, a sua posição social e mesmo as suas concepções sobre o que é bom ou mau. Só este véu de ignorância pode garantir a neutralidade e, portanto, a justiça nas decisões de um agente. É necessário, pois, que cada indivíduo ponha de lado as suas condições e convicções pessoais e pense em termos gerais: qual é a decisão justa, não a que combina comigo?

EM DIREÇÃO AO CONSENSO ENTRECRUZADO

No segundo livro — *Liberalismo político* —, Rawls dá um passo mais e investiga como deve ser o pacto político numa sociedade em que têm de conviver pessoas com posições morais e religiosas altamente contrapostas, que ele denomina doutrinas perfeccionistas ou compreensivas, por incluírem uma visão capaz de abarcar todos os aspectos da vida humana e conterem um ideal de perfeição de vida para os cidadãos que as perfilham. Esse pacto terá de ser vazado em termos estritamente políticos, não morais, pois caso contrário o moral faria parte do problema que quer resolver.

O acordo político exige, pois, que as doutrinas morais ou religiosas sejam sustentadas no âmbito público de um modo razoável. E essa razoabilidade, no entender de Rawls, implica que se renuncie a determinada concepção pessoal da verdade e do bem, sem pretender impô-la aos que não partilham dela. Isto é, que se chegue a um *overlaping consensus* — a um consenso entrecruzado — para assegurar a convivência política.

Para o autor norte-americano, a razoabilidade das concepções que qualifica como "compreensivas" exprime-se em que essas concepções são válidas para um plano de vida pessoal dos indivíduos, mas não como expressões de uma verdade que deva ser imposta ao conjunto da sociedade.

Sobre o pensamento de Rawls correram rios de tinta. Entre as críticas que recebeu, uma muito importante é a de que essa teoria seria excessivamente abrangente e, portanto, careceria de consistência. Mas, fora do nível especulativo, que ultrapassa a natureza do presente trabalho, podem-se formular outras críticas mais ao nível do chão.

Em meu modo de ver, a proposta do professor da Harvard pode ser correta, válida e necessária para estruturar as instituições políticas, para estabelecer os mecanismos do jogo político, isto, como procedimento para tomar decisões que coloquem em pé de igualdade todos os cidadãos e assim se respeite a justiça. Este sentido de justiça fundamenta o que eu chamaria cidadania institucional (o direito e o modo de intervir nas instituições políticas), mas em nada contribui para a cidadania em sentido pleno, que vai mais longe e reclama as noções de "verdade" e de "bem". Negar isto

II. Os debates morais nas democracias

seria restringir a política a assuntos periféricos e, portanto, anulá-la.

O valor do "véu de ignorância" reside em que distingue entre os interesses subjetivos e o bem público ou bem comum, desautorizando os primeiros. Se, por exemplo, surge um conflito em torno do traçado de uma autoestrada, a ação política deverá resolvê-lo tomando por critério mais o que é "justo" — o que serve melhor o interesse público — do que o dos proprietários dos terrenos que serão desapropriados ou o das empresas que podem encarregar-se de executar a obra[9].

O que em minha opinião é um erro notável é meter no mesmo saco os interesses privados e as noções de bem com que os cidadãos participam dos debates políticos. Não hão de ser o meu interesse, o meu gosto — ou as minhas razões pessoais para traçar, em palavras de Rawls, um "plano de vida" —, que dirimam questões publicamente controvertidas,

[9] Há uma segunda leitura para o véu da ignorância, pela qual, apesar de os cidadãos não terem completo conhecimento de todos os elementos que compõem uma sociedade, têm a percepção de que, numa democracia de respeito mútuo (teorias não abrangentes), a convivência permite o exercício da liberdade. Em outras palavras: O equilíbrio para que sociedade e Estado convivam, em uma democracia respeitadora de direitos individuais e da liberdade de ser, de pensar e de agir, decorreria das denominadas teorias "não abrangentes", isto é, daquelas teorias que terminam por coexistir com outras, sem a busca de imposição.

O autor considera não haver nada mais prejudicial a uma teoria da Justiça e a um Estado democrático do que as teorias abrangentes, aquelas absolutistas que pretendam impor ao cidadão uma determinada maneira de pensar e que terminam por gerar ditaduras, como se viu com os comunistas de Stalin, os nazistas de Hitler, os fascistas de Mussolini ou os socialistas de Fidel Castro, quatro ditaduras do século XX, que mataram a individualidade e impuseram uma maneira equivocada e coletiva de agir (cf. "Não cabe ao Estado dizer como cada um deve ser").

mas sim o meu sentido do que é bom ou mau para a sociedade, do que é justo ou não é, mas agora não num sentido meramente de "procedimento" ou formal, mas de *conteúdos*. Os cidadãos devem pronunciar-se, em questões relativas à *polis*, com critérios de justiça pública, não de mero interesse privado ou sequer de preferências morais na sua vida pessoal.

Examinando uma questão controvertida como é a equiparação das uniões homossexuais ao matrimônio, é evidente que os que se opõem a essa equiparação não podem fazê-lo por razões de moralidade privada, de repugnância pessoal ou de mero sentimento religioso: têm de fazê-lo por razões de justiça social, isto é, de bem comum, por essas uniões representarem um mal para a sociedade. Deverá, pois, haver um confronto entre bens substantivos: por um lado, as liberdades individuais, e, por outro, a concepção do casamento heterossexual como um bem social fundamental. O que seria uma farsa e poderia deslegitimar politicamente as decisões seria pensar que o único bem defensável é a liberdade do agente.

3. A legitimidade política e a legitimidade moral

Acontece que, numa democracia, se pode chegar a soluções politicamente legítimas que, no entanto, sejam moralmente inaceitáveis ou mesmo aberrantes. Compreende-se que isto doa a pessoas com especial sensibilidade moral. Custa muito, com efeito, admitir algum tipo de legitimação do mal. É o caso dos "democéticos"; para eles, a possibilidade de que o mal goze de cobertura legal é uma aberração. Têm razão?

Penso que não. E isto porque, entre outros motivos, considero fundamental distinguir entre legitimação política e legitimação moral. Que uma decisão seja politicamente legítima significa única e exclusivamente que foi adotada por quem tem o poder de fazê-lo em função da estrutura constitucional do Estado.

Essa legitimidade política não implica legitimidade moral no sentido de que seja garantia de moralidade de uma lei. Por conseguinte, nem os que estão a favor da norma legal podem invocar como argumento de justificação moral a existência da norma, nem os que estão contra são impedidos ou dispensados da obrigação moral de procurar mudar essa norma que consideram imoral[10].

Os democéticos devem compreender que não existe nenhum regime político capaz de garantir a moralidade das suas decisões. E isto por muito que um regime totalitário — seja uma ditadura, uma democracia popular de viés comunista ou uma república islâmica — invoque os mais altos princípios morais ou religiosos. As decisões injustas

---

10 Por isso, já que em política se podem adotar decisões perversas, é extremamente importante a participação política dos cidadãos e é igualmente importante agir reflexivamente, porque se pode ser cúmplice de verdadeiras velhacarias.

não deslegitimam por si mesmas um regime político. O que o deslegitima é que deixe de ser o que tem de ser ou se, constitutivamente, é contrário à finalidade da política: a democracia deslegitima-se politicamente se deixa de ser uma democracia, para converter-se num populismo em que só fica a aparência da democracia.

A deslegitimação moral de um regime político — diferente da falta de legitimidade política — procede, em meu entender, não das decisões injustas que tome, mas de ser perverso na sua raiz, se, por exemplo, se baseia no terror, na delação etc., etc. Fora desses casos, a liberdade democrática não é sinônimo de imoralidade.

Os que têm receio da democracia por razões morais parecem dar razão àquele pai de família que se queixava da atitude dos filhos: "Liberdade, liberdade! Você concede-lhes liberdade e depois fazem o que lhes dá na veneta!" Os que pensam deste modo parecem deixar-se vencer pela miragem de que um ditador de bom coração garantiria a bondade moral das suas decisões. Mas quem garante que o ditador é bom e as suas decisões, justas?

Parece-me muito mais sensato e antropologicamente otimista pensar que usamos da liberdade para fazer o bem. Como também acho muito mais ajustado à realidade das coisas considerar que as decisões políticas moralmente aberrantes são fruto, não tanto da política, mas do substrato cultural sobre o qual se apoia a ação política. Evidentemente, se uma cultura contém muitos elementos contrários à dignidade humana, é de recear que, lamentavelmente, essa cultura se reflita nas decisões políticas e, por conseguinte, proliferem as leis imorais.

4. Democracia, verdade e espírito cívico

O que acabo de dizer não é um cheque em branco para as decisões democráticas. A legitimidade política, já o vimos, não é garantia da moralidade das decisões democráticas. Por isso é um solene disparate — se não uma insuportável arrogância — a tentativa de certos pseudo-democratas de neutralizar os debates morais em torno de determinadas leis aduzindo que se trata de leis democraticamente aprovadas, como se a legitimidade política e democrática garantisse a sua solvência moral.

Qualquer pessoa que se faz ouvir num debate público é porque considera que lhe assiste uma razão de justiça, quer se trate das emissões de CO_2, da proteção de uma espécie, da igualdade das mulheres, de um novo imposto, da oficialidade de uma língua etc. Graças a Deus, uma lei aprovada não é nenhuma norma de moralidade pública, e por isso é legítimo protestar contra ela em nome da justiça. A razão de ser da política não é, muitas vezes, senão lutar para que haja leis mais justas.

Mas falar de justiça é falar de verdades. Quem pede a mudança de uma lei pode fazê-lo por dois motivos: um espúrio e o outro claramente legítimo.

O motivo espúrio é a defesa de interesses pessoais; o legítimo é a defesa da justiça. Quem apela para a justiça apela para a verdade e, apesar do relativismo reinante, esse relativismo cede quando alguém vê que determinada lei dá lugar a uma situação injusta e luta por leis que permitam avançar para uma situação mais justa. Quem luta, por exemplo, contra a discriminação da mulher não se move por um interesse próprio, mas pelo sentido da justiça e, por conseguinte, da verdade. A convicção democrática de maneira nenhuma está brigada com as ideias do bem, da justiça e da verdade.

Em oposição aos que são "antiverdade", isto é, aos que desconfiam da verdade e consideram que a democracia é incompatível com a existência de verdades, por estar fundada em pactos, eleições e maiorias, é preciso mostrar-lhes que os democratas que confiam na verdade admitem que só podem fazê-la valer democraticamente. Mas é preciso dizer-lhes com igual força que, sem um horizonte de busca da verdade, a democracia se desvirtua. Uma coisa é que as decisões políticas não derivem automaticamente do que é verdadeiro e justo, e outra muito diferente que essa vontade democrática pode virar as costas às razões de justiça e de bem.

Rejeitar a verdade seria converter a arena política numa luta de gladiadores, porque, se a justiça e o bem deixassem de estar no horizonte dos cidadãos e dos legisladores, a política já não seria senão um combate entre interesses, nenhum dos quais teria do seu lado a razão; seria consagrar a lei do mais forte, a lei da selva.

5. A modo de conclusão. Os debates morais na democracia

Talvez possamos estar agora em condições de dizer, a modo de recapitulação, acerca dos debates morais na democracia, alguma coisa que possa responder a um dos mais importantes argumentos do laicismo atual, para o qual as crenças religiosas interferem indevidamente no jogo democrático.

O episódio do casal que quis ter por inseminação artificial um filho surdo como o pai e a mãe pôs-nos na pista de um modo de conceber os debates públicos como permissão para que cada indivíduo faça com a sua vida o que bem lhe parecer: não haveria nada que fosse melhor ou pior, e, por conseguinte, ninguém poderia interferir nas decisões pessoais.

A democracia seria, nesse caso, não tanto um sistema de participação política, mas um sistema mediante o qual se poderia reclamar das autoridades constituídas tanto a não interferência nos assuntos pessoais como ajudas e medidas — ainda que apenas em forma de lei permissiva — para os indivíduos levarem a cabo o que achassem relevante para a sua felicidade — mesmo que se tratasse de mudar de sexo, de abortar, de ter um filho com determinadas características ou de pôr fim à vida própria.

A democracia exigiria, pois, como condição prévia a inexistência de uma ordem objetiva de verdade e de bem. Sob esta perspectiva, a religião — por apelar para uma ordem transcendental e para uma ordem de verdades não negociáveis, e assim intervir como medida da liberdade — seria uma ameaça à democracia. Esta passaria a entender-se como um equilíbrio entre interesses contrapostos, uma delicadíssima negociação entre cidadãos que, por não terem nenhum valor em comum, se veem obrigados a negociar umas limitações recíprocas para manter o sistema.

Felizmente, nem tudo se resolve com transações. Por mais díspares que sejam os critérios sobre o bom e o mau, o melhor e o pior, e portanto seja necessário discutir e chegar a decisões consensuais, o certo é que há verdades objetivas, e os que intervêm nessas decisões negociadas não podem esquecer que há realidades objetivamente justas e boas, mais justas e boas que as suas contrárias.

A ideia da bondade e da justiça significa que existe um espaço comum que é necessário configurar e que impede que se tenha uma visão "atomista" da sociedade, segundo a qual os cidadãos seriam átomos completamente separados uns dos outros, sem nada em comum a não ser a necessidade de negociar.

Assim entendida, a ideia da justiça remete-nos para a necessidade de uma ordem racional. Cabe à razão definir o que é justo em cada caso e

II. Os debates morais nas democracias

circunstância, sob pena de se cair arbitrariamente num puro exercício de poder, tão ilegítimo como o de um déspota. Certamente, a razão humana em geral e a de cada indivíduo e cultura em particular é uma razão limitada e falível. Mas isso só significa que se impõe um trabalho de indagação, tanto mais que, no jogo democrático, podem intervir e mobilizar-se raciocínios e argumentos não estritamente racionais, mas emocionais. Caso contrário, acabar-se-ia por cair no relativismo — na negação de uma ordem de bens e verdades anteriores às decisões.

Vistas assim as coisas, pode-se compreender que o laicismo não é senão a ilegítima pretensão de que os valores morais contidos nas tradições religiosas não influam de maneira nenhuma nas decisões políticas[11]. O laicismo é, neste âmbito, a posição que nega a legitimidade de que algumas concepções morais dos cidadãos interfiram nas decisões políticas. Para os seus defensores, os crentes devem

---

11 Muito mais atento às verdades morais contidas nas tradições religiosas é um filósofo agnóstico como Jürgen Habermas, que sustenta que, sem confundir os planos, a filosofia pode escutar as tradições religiosas e encontrar nelas valores expressos em chave religiosa, mas susceptíveis de ser transpostas para um pensamento não religioso e assim ser assumidas por qualquer pessoa. Segundo Habermas, exprimem-se nas tradições religiosas conceitos sobre a existência alcançada e perdida que podem alimentar a reflexão filosófica, se forem adequadamente "traduzidas" para o pensamento secular. Considera esse pensador que foi o que sucedeu no diálogo entre a fé cristã e o pensamento grego, que contribuiu para estabelecer diversos conceitos morais — em concreto e especialmente o princípio da igualdade e dignidade de todos os homens — a partir da ideia religiosa do homem como imagem de Deus. Veja-se, por exemplo, a exposição que fez na tarde de discussão com o então Cardeal Ratzinger, em janeiro de 2004, sobre "As bases morais prepolíticas do Estado liberal" ou o seu Discurso de agradecimento pronunciado na Paulskirche de Frankfurt em 14 de outubro de 2001, por ocasião da outorga do Prêmio da Paz que lhe foi concedido pelos livreiros alemães (N. do A.).

aceitar uma ordem política construída sobre decisões morais em que, por princípio, nunca poderão intervir. Penso que as ideias expostas ao longo das páginas precedentes desmente semelhante pretensão e justifica que os crentes possam concorrer para a configuração do espaço público a partir da visão moral que a sua religião lhes proporciona. O que devem fazer é contribuir com argumentos racionais, não baseados exclusivamente na sua fé.

Pode-se concluir que a linha que separa, por um lado, a ausência de qualquer autoridade religiosa no desenho constitucional e, por outro, a pretensão de que as concepções morais com inspiração religiosa não incidem de maneira nenhuma nos debates democráticos é a mesmo que separa a laicidade do laicismo.

Conclusões

1. A secularidade, um bem cristão

1. Um âmbito nitidamente secular

Antes de concluirmos o presente trabalho, pode ser oportuno dedicar umas páginas — que não chegam a formar um capítulo — a tentar uma aproximação para a questão da laicidade sob a perspectiva cristã.

Tanto a história da ordem política laica, que foi inicialmente anticatólica e antirreligiosa, com as consequentes condenações por parte dos Papas, bem como a agressividade antirreligiosa de muitas das propostas que se formulam nos nossos dias em nome do laicismo podem levar a pensar erroneamente que a laicidade constitui um problema para a concepção cristã da ordem política.

Mas é o contrário. Se entendermos a laicidade como autonomia e, portanto, legitimidade do poder político temporal em relação ao espiritual, devemos pensar que essa separação, não obstante se ter obscurecido ao longo de muitos períodos da história do cristianismo, pertence à sua própria essência.

Com efeito, a recomendação evangélica: "Dai a César o que é de César e a Deus o que é de Deus" (Mt 22, 21) traduziu-se desde o começo do cristianismo numa nítida separação entre a esfera religiosa e a política. A difusão da Boa-nova não incentivou os cristãos a configurar uma ordem política moldada nas suas crenças. Os discípulos de Cristo não se sentiram intimados a criar uma nova ordem social em que, por exemplo, se abolisse a escravidão — se bem que a humanizassem — ou a propriedade privada, embora houvesse muitos que por iniciativa própria punham os seus bens em comum. Não, o cristianismo não era um programa político. Os cristãos continuaram a ser fiéis súditos da autoridade legítima, a não ser no que dizia respeito à adoração dos deuses do Estado ou do próprio imperador.

Mas, se o cristianismo não se traduziu num programa político, não há dúvida de que revolucionou a concepção da política ao subordinar as obrigações políticas à consciência religiosa. Trouxe a grande novidade de estabelecer um dualismo entre política e religião. Esse dualismo é como uma moeda de duas caras. Numa delas, contemplamos a distinção entre obrigações políticas e obrigações religiosas. Na outra, descobrimos a conformação de uma ordem política propriamente política, isto é, não religiosa: plenamente secular[1].

---

1   Toda a teoria do Estado Moderno se alicerça na perspectiva do bem comum, cujos valores fundamentais estão entre os valores cristãos; de resto, estão

Ocupemo-nos primeiro desta segunda cara da moeda: a afirmação de um plano político plenamente secular, diferente do religioso. Esta afirmação requer o prévio reconhecimento de uma esfera propriamente secular nas realidades humanas, isto é, a aceitação de que as realidades terrenas contêm umas leis próprias, uma dinâmica própria, cujo conhecimento e prática não carecem da revelação religiosa nem da submissão a autoridades religiosas. Não é que no cristianismo as realidades humanas não tenham a sua origem e última explicação em Deus, ou que não devam ordenar-se em última instância para Ele. Mas essa ordenação última não é a sua primeira e imediata ordenação. Para a fé cristã, as realidades terrenas são obra de Deus, criaturas suas, têm ínsita a sua referência ao Criador, mas isso está na própria natureza dessas realidades, que podem ser conhecidas e dirigidas pelo ser humano mediante as suas capacidades naturais (aliás, também proporcionadas por Deus), sem que se requeira a fé na revelação de Cristo.

Foi a isto que o Concílio Vaticano II se referiu ao falar da legítima autonomia das realidades temporais. E referiu-se a ela especificando de que maneira deve ser entendida adequadamente[2]. Como se lê

---

também esculpidos nas Constituições da esmagadora maioria dos países sob o título de direitos humanos e individuais, que na sua essência são direitos naturais sempre defendidos pelo cristianismo (cf. *Uma breve introdução ao Direito*, Editora RT, São Paulo, 2010).

[2] *Gaudium et spes* (7-12-1965) e *Lumen gentium* (21-11-1964), n. 36 *in fine*. Por um lado, rejeita-se uma visão clerical das realidades temporais e da política; mas, por outro, reafirma-se a sujeição a Deus das realidades criadas e da

na *Gaudium et spes*, é "vontade do Criador" que o homem "descubra e ordene paulatinamente as leis das coisas criadas e da sociedade".

Isto significa que cabe ao homem descobrir a estrutura da realidade (do cosmos, da matéria, da origem do universo e das leis que o regem), como lhe cabe descobrir-se a si mesmo e encontrar a maneira de articular a sua relação com os seus semelhantes, pessoal e coletivamente. Não se poupou ao homem o esforço do seu engenho para descobrir tudo isso. Não existe uma revelação que lhe poupe esse trabalho. A história da humanidade não é senão um colossal esforço por conhecer e compreender a realidade e por aprender a viver, individual e coletivamente, do melhor modo possível. Nisto consiste a autonomia das realidades temporais e é aqui que se configura um panorama de secularidade, não modulada a partir de instâncias religiosas.

Esta é a grande inovação que o cristianismo introduziu na história da política, uma inovação que Martin Rhonheimer qualifica de revolucionária e que explica deste modo:

> "O cristianismo introduziu na história uma novidade absoluta, da qual nós — herdeiros de uma cultura impregnada de espírito cristão — muitas

---

ação humana. Definem-se assim os elementos precisos para compreender corretamente a concepção cristã da laicidade, que mantém uma referência última a Deus, afirmando ao mesmo tempo uma lógica própria das realidades temporais, incluída a política: não dever haver mistura do religioso com o político, mas também não espaços fechados e impermeáveis aos desígnios criadores de Deus (N. do A.).

vezes não temos plena consciência: a independência da religião quanto ao poder político e, vice-versa, a independência do poder político e, mais ainda, da ordem legal, quanto à religião.

Porém, esta independência deve ser entendida num sentido específico: por um lado, com o cristianismo, o poder político deixa de ser o representante de forças ou divindades superiores; por outro, a religião cristã não serve para exercer melhor o poder político ou para garantir e sustentar a ordem da sociedade e do Estado (...). Ampliando o campo de observação, podemos afirmar mais em geral: é o cristianismo que, pela primeira vez na história, reconhece que as coisas temporais, a política e as instituições jurídicas da cidade terrena possuem uma lógica interna, autônoma e independente da religião. Embora se compreenda a si mesmo como verdade única e suprema, o cristianismo não contempla essa verdade como substituto das demais verdades e lógicas terrenas no campo jurídico, político ou filosófico, mas como seu complemento e salvação [...] É, pois, difícil exagerar a importância da novidade do cristianismo, tendo em conta, além disso, que não deriva de um fator histórico contingente, mas diretamente do núcleo da própria religião cristã"[3].

Encontramo-nos perante uma religião, o cristianismo, que articula a transcendência e a relação com Deus com a afirmação de um âmbito proptiamente secular, embora em última instância dependa de Deus.

---

[3] M. Rhonheimer, *op. cit.* (N. do A.).

2. Liberdade religiosa e Estado democrático

A outra cara da moeda exprime a distinção entre obrigações religiosas e obrigações políticas e, em concreto, a supremacia da consciência religiosa sobre as obrigações políticas e legais.

A isto se referiu Bento XVI num famoso discurso à Cúria romana em dezembro de 2005. Dizia o Papa nessa ocasião:

> A Igreja antiga orava espontaneamente pelos imperadores e pelos responsáveis políticos, considerando essa oração como um dever que lhe cabia (cf. 1 Tm 2, 2). Mas, em contrapartida, ao mesmo tempo que orava pelos imperadores, negava-se a adorá-los, e assim rejeitava claramente a religião de Estado. Os mártires da Igreja primitiva morreram pela sua fé no Deus que se tinha revelado em Jesus Cristo, e precisamente por isso morreram também pela liberdade de consciência e pela liberdade de professarem a sua fé, uma profissão que nenhum Estado pode impor, mas que cada qual pode fazer própria, com a graça de Deus, em liberdade de consciência.

Nesse mesmo discurso, explicava como a Igreja adotou no Concílio Vaticano II um princípio inspirador do Estado moderno, e que, ao torná-lo seu, não fazia senão enlaçá-lo com a sua mais genuína raiz:

> O Concílio Vaticano II, ao reconhecer e fazer seu, pelo decreto sobre a liberdade religiosa, um

> princípio essencial do Estado moderno, recolheu novamente o patrimônio mais profundo da Igreja. Esta pode ser consciente de que, desse modo, se encontra em plena sintonia com o ensinamento do próprio Jesus (cf. Mt 22, 21), bem como com a Igreja dos mártires e com os mártires de todos os tempos.

A liberdade religiosa é, pois, simultaneamente "um princípio essencial do Estado moderno" e um elemento do "patrimônio mais profundo da Igreja". Em oposição à forma inaceitável com que, no começo da modernidade, se exprimiu o princípio da liberdade religiosa — como negação de uma verdade moral a que a consciência humana e as sociedades tivessem que submeter-se —, o Papa esclareceu nesse discurso que, pelo contrário, a liberdade de religião é não só uma necessidade que deriva da convivência humana, mas uma consequência intrínseca da verdade, que não pode ser imposta de fora, mas que o homem tem de fazer sua mediante um processo de convicção. Quer dizer, Bento XVI proclama a liberdade religiosa na sociedade civil e na organização do Estado como exigência, por um lado, da própria convivência humana e, por outro, da própria natureza da verdade, "que não pode ser imposta de fora".

Neste sentido, goza de especial relevância a mensagem do Papa para a Jornada Mundial da Paz de 1º. de janeiro de 2011, em que dizia que "os cristãos são atualmente o grupo religioso que sofre o maior número de perseguições por causa da sua fé"[4] e equiparava o fanatismo religioso ao laicista, considerando-os "formas especulares e extremas de rejeição do legítimo pluralismo e do princípio de laicidade". Ambos — dizia o Papa — "absolutizam uma visão redutiva e parcial da pessoa humana, favorecendo, no primeiro caso, formas de integrismo religioso e, no segundo, de racionalismo"[5].

Ao insistir na equiparação entre fanatismo religioso e laicismo, Bento XVI sustentou nessa mensagem que "o ordenamento jurídico em todos os níveis, nacional e internacional, quando consente ou tolera o fanatismo, seja religioso ou antirreligioso, não cumpre com a sua missão de tutelar e promover a justiça e o direito de cada pessoa". E acrescentou que, nesses casos, "a dignidade humana é mutilada e vilipendiada, exposta a cair no predomínio dos ídolos, dos bens relativos transformados em absolutos. Tudo isto expõe a sociedade ao risco de totalitarismos políticos e ideológicos, que enfatizam o poder público, enquanto se menoscaba e se coage a liberdade de

---

[4] No Relatório sobre a liberdade religiosa no mundo, de 2010, elaborado pela organização Ajuda à Igreja Que Sofre, fala-se de duzentos milhões de cristãos perseguidos por causa da sua fé e de outros cento e cinquenta milhões que sofrem de alguma discriminação (N. do A.).

[5] O racionalismo, do qual procede o laicismo, é também parcial e redutivo porque se atém a uma modulação limitada e empobrecida da razão, como no caso da razão positivista, que opera apenas com as categorias das ciências naturais (N. do A.).

Conclusões

consciência, de pensamento e de religião, como se fossem rivais".

As diversas restrições que se pretende impor aos crentes em nome da laicidade são um demonstração fidedigna de que não nos encontramos perante um perigo teórico. Já vimos aqui vários exemplos disso, e um deles são as campanhas que, em oposição à Igreja Católica, se promovem obsessivamente para prevenir a AIDS pelo recurso aos preservativos.

O que há no fundo desta e outras manifestações é o que Bento XVI denomina "a ditadura do relativismo", isto é, a não aceitação de que existem verdades que devam nortear a ação humana. Os apologetas deste relativismo propõem-no como salvaguarda das liberdades, mas, paradoxalmente, o que fazem é tentar eliminar o exercício dessas liberdades, desacreditando qualquer posição discrepante das novas "verdades" públicas.

Em face desse relativismo deletéreo, Bento XVI, na mensagem acima citada, quebra lanças pela busca da verdade na ação política e pede que se respeitem nas legislações e medidas oficiais os princípios da *lei natural,* princípios que, como vimos, fundamentam *previamente* as decisões políticas, pois protegem a dignidade humana de possíveis arbitrariedades: são "verdades, princípios e valores universais que não podem ser negados sem negar a dignidade da pessoa humana".

2. Uma verdade incômoda

O laicismo não constitui um perigo só para os crentes e para os defensores da lei natural; é uma autêntica ameaça à democracia, na medida em que renuncia à verdade. Segundo essa mentalidade, a verdade seria sempre incômoda para a convivência humana e para a ordem democrática.

Ora, é preciso compreender que a verdade não só não é nenhuma ameaça para as liberdades, mas, pelo contrário, torna-as possíveis. Sem a referência a uma verdade que possa servir de medida e limite às decisões políticas, estas absolutizam-se. As medidas tomadas de acordo com o critério da maioria, sem um horizonte de verdade para auferi-las, convertem-se numa espécie de prisão para os que defendem um estilo de vida que as contraria.

O laicismo é a tentativa de impor ao conjunto dos cidadãos uma "moral laica", que decreta uma submissão inapelável aos seus ditames e utiliza o aparelho do Estado e dos organismos legislativos para impô-los sem fendas e sem exceções. Não existiria outra ética a não ser a moral pública, e a moral pessoal ficaria confinada nos magros limites do mundo privado.

É o que acontece, por exemplo, quando o Estado organiza um sistema educativo em que os professores não podem ensinar ou expor princípios éticos que contrariem os princípios estabelecidos por algumas leis. As relações afetivas e sexuais, o conceito de família, o respeito à vida e outros valores têm de ser expostos, ao menos nas escolas públicas e de algum modo em todas, de acordo com o modo como essas realidades tenham sido concebidas pelo Estado. Deste modo, a *libertação* laicista introduz-nos numa asfixiante atmosfera de proibições e obrigações, com muito pouca folga para um estilo de vida alternativo[6].

O mesmo se pode dizer da tentativa de erradicar a chamada "educação diferenciada" baseada no sexo. Isso mostra até que ponto uma determinada concepção da igualdade entre homem e mulher tenta impor ideológica e dogmaticamente um modelo educativo único, abafando outros possíveis que, numa sociedade plural, deveriam ser admitidos pacificamente.

O genuíno sentido da democracia exige, portanto, que se restabeleçam a verdade, a justiça e o bem como aliados da liberdade. É verdade que os critérios para a consecução do bem, da justiça e da verdade podem ser diversos entre os cidadãos e os grupos sociais. Mas essa pluralidade de critérios não leva a sustentar que esses valores não existem. Recusar-se a aceitá-los equivaleria a proclamar cinicamente que, quando participamos do jogo político, a única coisa que pretendemos é impor a nossa vontade aos outros. A democracia

---

[6] Os homossexuais podem ter todas as garantias, mas, perante a Constituição, não podem ser família, porque são incapazes de gerar descendentes de *modo* natural.

é precisamente o sistema que permite resolver politicamente as discrepâncias sobre a verdade, a justiça e o bem, partindo da base de que todos os que discrepam estão igualmente animados do propósito de descobrir esses valores.

Quando se cancela do horizonte a procura da verdade, ainda que tateando, não é que sejamos mais livres: seremos, quando muito, mais manipuláveis. É o que se verifica numa cultura configurada ao sabor do que dizem os meios de informação, quando neles brilha pela sua ausência o espírito crítico e se instala uma insidiosa uniformidade ideológica, que não produz cidadãos, mas rebanhos de cordeiros.

Como dizia Bento XVI no seu histórico discurso ao Parlamento alemão em setembro de 2011, para procurar retamente a verdade e confiar nela, é preciso ter-se despojado de uma visão unilateral e redutiva da razão, cuja única forma de racionalidade seria a da ciência positiva, que se ocupa da natureza sob uma perspectiva funcional e estabelece um abismo intransponível entre ser e dever ser.

O alargamento da razão para além do método científico-positivo franqueia o acesso a um direito fundado na verdade e no bem. No mencionado discurso, Bento XVI, ao mesmo tempo que apresentava o cristianismo como uma religião que não a converte em fonte do direito, proclamava a necessidade de assentar o direito na natureza e na razão — não entendida agora como razão positiva — e, desse modo, em Deus.

Conclusões

Contrariamente a outras grandes religiões, o cristianismo nunca impôs ao Estado e à sociedade um direito revelado, um ordenamento jurídico derivado de uma revelação. O que fez foi remeter [os Estados, os partidos políticos e os cidadãos em geral] para a natureza e a razão como verdadeiras fontes do direito, e referir-se à harmonia entre razão objetiva e subjetiva, uma harmonia que, no entanto, pressupõe que ambas as esferas estejam baseadas na Razão criadora de Deus.

Os frutos dessa harmonia, quando se deu, foram no dizer do Papa os seguintes:

> Com base na convicção da existência de um Deus criador, desenvolveu-se o conceito dos direitos humanos, a ideia da igualdade de todos os homens perante a lei, a consciência da inviolabilidade da dignidade humana de cada pessoa e o reconhecimento da responsabilidade dos homens pela sua conduta.

A verdade não é, portanto, uma realidade incômoda para a construção de um ordenamento democrático. Não é da verdade que temos de libertar-nos, mas dos usos redutivos da razão que acabam por impor ao ser humano limitações contrárias à sua dignidade. Só propondo-nos procurar o justo e o bom é que podemos construir um mundo que, sem chegar a ser um paraíso, será pelo menos expressão do nobre esforço da política por servir a causa da dignidade humana.

Posfácio

Ives Gandra da Silva Martins
Emérico da Gama

As páginas que se acabam de ler são um sinal de alerta em relação aos preconceitos dos que não acreditam em Deus, os quais infelizmente constituem parcelas consideráveis das sociedades dos países desenvolvidos e de outros não tão desenvolvidos, como na América Latina. Todavia, se examinarmos a questão unicamente pelo prisma da lei maior brasileira, teríamos a impressão de que o Brasil não precisaria desta advertência.

De início, porque os constituintes, num gesto mais de convicção do que de humildade, declararam que o texto supremo era promulgado "sob a proteção de Deus".

Abandonaram, portanto, o texto anterior, em que os respectivos constituintes apenas "invocavam a proteção de Deus", na esperança de que Deus os protegesse na elaboração da Constituição.

E compreende-se essa significativa alteração, uma vez que os valores cristãos se encontram colocados em plenitude no texto maior. Assim acontece em inúmeros casos.

São valores cristãos:

— a norma que proíbe qualquer tipo de discriminação (art. 3º, inc. IV);

— a que assegura, pela primeira vez, a inviolabilidade do direito à vida (art. 5º caput) e não apenas os direitos concernentes à vida, como na redação da Carta Magna de 67/69. Valoriza-se, pois, a lei civil, que assegurava e assegura ao nascituro todos os direitos desde a concepção (art. 4º do antigo Código Civil e 2º do atual);

— a que garante a inviolabilidade da liberdade de consciência e de crença e o livre exercício do culto e suas liturgias, inclusive para entidades civis e militares e de interesse coletivo (5º inc. VI);

— a que permite assistência religiosa permanente (5º inc. VII);

— a que impede de privar de direitos por motivo de crença religiosa (5º VIII), admitindo, nas obrigações legais, como por exemplo o serviço militar, prestações alternativas por objeção de consciência (art. 5º VIII);

— a que aceita o ensino religioso nas escolas públicas e privadas, embora seja facultativo assistir a essas aulas (art. 210 § 1º);

— a que considera a família a base da sociedade (art. 226), a que procura fortalecer o vínculo matrimonial pelo casamento gratuito (§ 1º art. 226), e a que dá ao casamento religioso os mesmos efeitos do casamento civil (226 § 2º);

— a que declara que, mesmo sem casamento, apenas a união entre um homem e uma mulher constitui uma entidade familiar, como também a constitui aquela que se compõe de um dos pais (em caso de falecimento ou separação) e seus filhos (§ 4º art. 226), além da que outorga ao homem e à mulher idêntico poder sobre a sua prole (§ 5º art. 226).

Quem vier de um outro país e ler apenas o texto supremo poderá ter a impressão de que os problemas suscitados neste livro passam ao largo do Brasil, o que não ocorre.

Algum tempo atrás, uma pesquisa de opinião promovida pelo jornal *Folha de São Paulo* revelou que a esmagadora maioria do povo brasileiro (mais de 90%) incluídas as pessoas que não tinham religião, declarou acreditar em Deus.

Não obstante essa realidade, uma minoria atuante, com poucos fundamentos filosóficos e jurídicos e elevado nível de preconceito e ideologia, pretendeu destruir todos esses valores consagrados na lei suprema, sob a simplória afirmação de que o Brasil é um Estado laico e que, portanto, não pode ostentar nenhuma demonstração de religiosidade.

Com base nessa óptica, pretendeu que se tirassem todos os símbolos religiosos dos espaços públicos, sob a alegação de que, no Estado laico, a religião incomoda os que não a professam, confundindo o Estado laico com o Estado ateu.

Não percebeu que, no âmbito da teoria geral do Estado, Estado laico é aquele que não é dirigido por grupos religiosos, ao contrário do que acontece, por exemplo, nos Estados islâmicos. Estado laico é aquele em que a religião, como instituição, não participa do governo, mas admite, nos países democráticos, que todos os que tenham religião participem da atividade pública como cidadãos, defendendo os seus valores e convicções. É esta a razão pela qual, no nosso país, onde a imensa maioria da população acredita em Deus, foram consagrados na lei maior tantos dispositivos que asseguram aos nacionais e aos residentes as suas convicções e a sua participação na vida pública, considerando a maioria dessas disposições como cláusulas pétreas, ou seja, imodificáveis.

Pensar de forma diferente é sustentar que, no Estado laico, só quem não acredita em Deus pode dirigi-lo, e que se proíbe qualquer manifestação baseada em princípios religiosos. Tal esdrúxulo entendimento levaria à ânsia supressora de valores e símbolos vinculados ao eterno, até mesmo à mudança do nome de muitos Estados, cidades, ruas e monumentos que homenageiam Deus e os santos. O próprio feriado do Natal, considerado o dia da paz universal em comemoração do nascimento de Jesus Cristo, teria que deixar de ser feriado.

Em outras palavras, segundo essa extravagante maneira de pensar, só a "esmagadora minoria" dos que não acreditam em Deus é que poderia intervir no governo do Estado laico, em clara e preconceituosa demonstração de considerar que quem acredita em Deus é um cidadão de 2ª. categoria. Só os ateus e agnósticos poderiam conduzir esse modelo de Estado, por serem cidadãos de 1ª. classe.

Infelizmente, essa minoria tem conseguido influenciar uma notável parcela da imprensa e a própria Suprema Corte, a ponto de gerar uma proliferação de discriminações nas Universidades e no mundo do trabalho, em que a cor da pele é mais importante do que a competência do aluno ou do trabalhador.

O presente estudo, não obstante a clareza dos dispositivos constitucionais segundo os quais tais problemas não podem existir no nosso país, é particularmente útil para compreender até onde o preconceito de uma minoria atuante e, às vezes, dominante, vai produzindo uma sociedade não solidária, de castas e rancores, e em que os que pertencem a essa minoria, no dizer de Orwell, são mais iguais do que os outros, por gozarem de maiores privilégios.

A grande maioria silenciosa dos cidadãos, que acredita em Deus e nos valores superiores dos autênticos direitos do homem — de resto consagrados na Declaração Universal dos Direitos Humanos — tem que tomar consciência do que vem ocorrendo, para começar a defender democraticamente os seus valores, coibindo assim a ditadura da minoria.

Parece útil fazer uma última observação, agora a propósito da *lei natural*, que o Autor apenas toca de leve, já que expor o tema em toda a sua complexidade e riqueza excederia o âmbito do presente estudo. Por sermos da mesma opinião, limitamo-nos também a tecer aqui algumas considerações nas suas linhas gerais.

O problema levantou-se recentemente no nosso país a respeito da legitimidade ou não de estender aos embriões humanos as experiências em laboratório sobre a reprodução das células. Invocou-se o direito de a ciência ter a liberdade de manipulá-los em benefício de um progresso no tratamento de doenças degenerativas e incuráveis como o Alzeimer e o mal de Parkinson. A essa manipulação, opuseram-se os defensores do direito à vida, pois viam nela um atentado contra o ser humano — já com vida desde o estado embrionário —, e além disso, como consequência, o indubitável sacrifício de milhares de embriões não aproveitados. O que os primeiros reivindicavam era a liberdade sem freios da pesquisa científica.

O Autor deste trabalho fala de que todo o exercício da liberdade necessita de um norte, se não se quer cair na arbitrariedade pura, no individualismo e, por fim, em regimes ditatoriais. Esse norte é a verdade objetiva, o bem objetivo, radicados ambos na pessoa humana, na dignidade que ela possui pela sua natureza.

Princípios tais como "fazer o bem e evitar o mal", o direito à vida, ao bom nome, ao respeito mútuo dos concidadãos etc., são princípios que têm estas características: são absolutos, universais e imutáveis.

É claro que estes princípios são passíveis de diversos entendimentos à hora de *aplicá-los*. E é aqui que podem surgir as interpretações divergentes e os conflitos, conforme as épocas, a evolução do conhecimento humano, e a própria natureza genérica, não concretizada, em que esses princípios se vazam: por exemplo, o princípio inviolável de "não matar" não contempla os casos de legítima defesa ou de uma guerra justa. O próprio ideal de justiça é susceptível de entendimentos diversos. Este é o motivo pelo qual se impõe no âmbito da democracia o debate público.

Mas isto não quer dizer que todas as opiniões se justifiquem, se algumas delas postergam nas suas aplicações, direta ou indiretamente, esses "primeiros princípios" que que são evidentes para todos os seres humanos sem distinção entre crentes e não crentes.

Já em Rom 2, o Apóstolo Paulo ensinava que não só os judeus, conhecedores da lei divina, como também os gentios, que não a conhecem, devem por igual seguir os preceitos dessa lei, pois os gentios, *guiados pela razão natural*, podem conhecer o essencial desses preceitos, que estão gravados em seus corações e têm o testemunho da sua consciência: trata-se de um permanente denominador comum de todos os seres humanos, de um núcleo de verdades sem as quais o homem não poderia existir nem imaginar-se.

Em tempos próximos, Pio XII insistia em que é "coisa certa que a fonte primária e mais profunda dos males que hoje afligem a sociedade moderna brota da negação ou da rejeição de uma *norma universal de retidão moral*, tanto na vida privada dos indivíduos, como na vida política e nas mútuas relações internacionais" (Enc. *Summi Pontificatus*, 20- -10-1939). Trata-se, no dizer de Schüler, de respeitar "o conjunto de normas morais que, fundamentalmente, são acessíveis ao conhecimento humano em decorrência da sua capacidade de raciocinar, independentemente da revelação de uma Palavra divina" (*Nouvelle Rev. Theologique* 88, 1966). E nos nossos dias, o Papa Bento XVI, que por tantas das suas intervenções públicas foi chamado *o Papa da razão*, não se cansa de defender o que é patrimônio comum do magistério da Igreja.

A razão não encontra nos dados da fé um *parti pris* que lhe falsifique ou distorça os juízos e resultados, mas, pelo contrário, o alicerce que dá segurança e verdade ao seu trabalho e assegura a validade das suas conclusões. A fé confere à razão um poder amplificador que a enriquece, e desse modo a torna capaz de distinguir mais lucidamente onde estão a verdade, a justiça e o bem, deformados tantas vezes por ideologias espúrias ou, quanto mais não seja, pela inclinação para o mal própria do homem decaído.

É por isto que a Igreja não cessa de advertir sociedades e governos sobre o perigo de decisões que a curto ou longo prazo ameacem os valores que protegem a dignidade humana. Sejam quais forem as "razões" invocadas para sustentar essas decisões — liberdade, direito à felicidade própria etc — elas têm consequências muitas vezes dolorosas a um prazo não longo. Vários dos casos apontados nas páginas precedentes escondem esse risco, como não o escondem os divórcios facilitados, as fecundações *in vitro*, a adoção de crianças por pares do mesmo sexo etc.

Debates públicos, políticas chamadas liberais, campanhas promovidas nos meios de comunicação e de publicidade, são direitos da democracia, mas não se deve esquecer que todos eles estão a serviço da pessoa humana, e esta — que foi criada à imagem e semelhança de Deus, pois nenhum ser humano deu a vida a si próprio —, se não for respeitada e favorecida pelas leis, instituições sociais e indivíduos, acabará por cair na escravidão de uma vida sub-humana.

O cristão não deve, pois, ter complexo de inferioridade quando se pretende desqualificar as suas posições tachando-as de preconceituosas e anticientíficas. E verdade que não pode ser dogmático nas suas asserções, não pode participar dos debates como se fosse o dono da verdade, tanto mais que experimenta em si o que confessa São Paulo: "Não faço o bem que quero, mas faço o mal que não quero" (cf. Rm 7, 19). É um ser fraco que necessita dos outros e por isso tem de estar aberto ao estudo e ao diálogo, com a humildade de quem, no dizer de Gustave Thibon, sente que "é uma pena que a verdade de Deus seja muitas vezes a minha verdade". Carrega com o peso das suas limitações, como qualquer outro homem. Mas nada disto obsta a que se sinta amparado pela certeza de que a razão não é inimiga da fé, mas, pelo contrário, a sua principal aliada, pois, ao fim e ao cabo, a clarifica, reforça e amplifica na busca da verdade acerca do ser humano.

Daqui se depreende que, longe de se sentir inferior, o cristão deve-se sentir *responsável* por ir em ajuda de um aperfeiçoamento do trabalho da razão. E isso há de levá-lo a *não omitir-se*, quer privada, quer publicamente, em proclamar que a busca da verdade, da justiça e do bem devem ser a intenção última, não só da conduta individual, mas da configuração das leis, da organização da sociedade e dos meios de influência na opinião pública.

Direção geral
Renata Ferlin Sugai

Direção editorial
Hugo Langone

Produção editorial
Juliana Amato
Gabriela Haeitmann
Ronaldo Vasconcelos
Roberto Martins

Capa
Gabriela Haeitmann

Diagramação
Sérgio Ramalho

ESTE LIVRO ACABOU DE SE IMPRIMIR
A 28 DE JANEIRO DE 2024,
EM PAPEL PÓLEN BOLD 90 g/m².